La cuisine de Sophie et Christian

Sauf indication contraire,
les recettes sont données pour 4 personnes.

La cuisine de Sophie et Christian

MENUS
DES QUATRE SAISONS

SOPHIE DAVANT
CHRISTIAN LECLOU

Hugo Image

Rillettes de
aux asperges
de cochon

La cuisine de Sophie et Christian... c'est toute une histoire !

Depuis bien longtemps nous en évoquions l'existence, au gré de ces minutes de complicité culinaire que nous ménageait quotidiennement « C'est au programme », l'émission de France 2 où nous apprîmes à nous connaître et surtout à nous reconnaître... Peut-on raisonnablement multiplier les succulentes recettes sans qu'un jour, l'idée d'en rassembler quelques belles dizaines dans un livre de qualité ne surgisse, comme la plus charmante des fatalités ?

Du vœu aux rayons des libraires, chacun sait que le chemin est long et souvent périlleux... La balade gourmande entamée ensemble fut pourtant pour nous comme un rêve éveillé, bercé par le bel enthousiasme qui veille aux destinées de ces ouvrages créés pour livrer une bonne dose de plaisir à leurs lecteurs.

Nous savons tous deux, sans doute depuis toujours, chacun avec sa culture et avec son expérience, qu'une cuisine goûteuse et généreuse illumine les âmes et ouvre grand les cœurs. Voilà ce qui guida nos choix, de la première à la dernière recette, en passant par les menus de fêtes. L'une insista pour que chaque préparation soit à la portée de tous, à la fois techniquement et financièrement ; une manière de déformation professionnelle... L'autre, avec la passion pour la transmission qui le caractérise, mit un point d'honneur à axer la sélection sur l'original, le gourmand. La magie opéra, sans doute au-delà des espoirs de notre éditeur... que nous remercions au passage.

À dire vrai, la gageure n'était pas réellement insurmontable. Nous avons commencé ce livre avec la volonté commune d'y associer de bons produits que chacun peut aujourd'hui trouver sur les étals de nos artisans bouchers, charcutiers, maraîchers, fromagers, poissonniers... Tous ces hommes et ces femmes qui portent l'excellence de nos terroirs hexagonaux, véritable valeur patrimoniale sur laquelle il faut aujourd'hui miser sans modération. Nous tenions également à leur rendre cet hommage...

Mieux qu'un curriculum vitae, le sommaire de ce recueil de bonnes choses vous dit largement qui nous sommes. Puissiez-vous y découvrir nos passions, nos envies, notre philosophie du partage, surtout... Dis-nous ce que tu manges, nous te dirons qui tu es !

À présent, lancez-vous sans attendre et sans la moindre appréhension. Nous avons tout mis en œuvre pour vous faciliter la vie. Promettez-nous aussi, au moment de déguster l'un de ces plats, d'avoir – une fois au moins – une pensée pour tous ceux qui ont collaboré à la création de ce livre et qui, comme nous, avaient pour objectif premier de vous ravir le palais.

Sophie et Christian

MENUS D'AUTOMNE

CANNELLONIS D'AUBERGINE AUX CHAMPIGNONS

45 min — 20 min

- 2,5 kg de grosses aubergines
- 150 g de cèpes
- 150 g de girolles
- 150 g de trompettes de la mort
- 2 échalotes
- 2 œufs
- 8 lamelles de poitrine fumée
- 1/2 botte de persil plat
- Sel, poivre : pm*
- 2 g de gros sel
- 5 cl d'huile d'olive
- 20 g de chapelure blanche fine

1. Coupez les aubergines en fines tranches, à l'aide d'une mandoline* si possible, et faites-les dégorger* au gros sel pendant 1 h pour faire ressortir l'eau.

2. Rincez, séchez et faites dorer à l'huile d'olive.

3. Émincez les cèpes et les échalotes. Faites-les sauter à l'huile d'olive. Quand les cèpes sont bien colorés, salez et poivrez. Répétez l'opération avec les autres champignons.

4. Battez les œufs avec le persil haché et la chapelure. Ajoutez les champignons. Conservez-en quelques-uns pour le décor.

5. Posez une cuillerée à soupe de cette farce sur les tranches d'aubergine, roulez-les sur elles-mêmes et maintenez-les avec une lamelle de lard fumé blanchie*, enroulée.

6. Posez les cannellonis sur une plaque recouverte de papier sulfurisé de cuisson. Enfournez 15 à 20 min à 180°C (th 6).

7. Dressez les cannellonis sur une assiette. Servez chaud.

Entre nous

Avec une crème aux morilles au fond de l'assiette, les canellonis sont à tomber !

Je sers les cannellonis en entrée, avec une petite salade de mâche aux noix.

Sophie

J'accompagne de ces canellonis une volaille simplement rôtie dans son jus.

Christian

CIVET DE LAPIN AUX PRUNEAUX ET PATATES DOUCES

4 cuisses de lapin
100 g de jambon de pays (ou de poitrine fumée)
2 oignons rouges
1 carotte
1 gousse d'ail
1 bouquet garni
1 litre de vin rouge corsé
1 botte de cives*
3 petites échalotes grises
400 g de gros pruneaux avec noyau
200 g d'oignons grelots
100 g de farine
5 g de sucre
20 g de beurre
Sel, poivre : pm*
5 cl d'huile d'olive
½ litre de fond de veau brun ou fond déshydraté Maggi

Purée de patates douces
200 g de patates douces
50 g de pommes de terre
5 cl de crème liquide
50 g de beurre
Sel : pm*

Fond de veau
Os et parures de veau (demandez à votre boucher)
1 oignon
1 carotte
2 gousses d'ail écrasées
1 bouquet garni : 1 feuille de laurier, 1 brindille de thym, 5 queues de persil, 1 vert de poireau, liés avec de la ficelle de cuisine
10 g de concentré de tomates
2 g de poivre concassé

1 h 1 h

1. Le civet : faites bouillir le vin rouge et mettez à infuser les pruneaux et le bouquet garni.
2. Lavez et épluchez les légumes, faites colorer* les cuisses de lapin dans l'huile d'olive chaude et la moitié du beurre. Réglez bien le feu pour colorer sans faire brûler le beurre.
3. Coupez en mirepoix* les oignons, l'échalote, la carotte et le jambon, ajoutez cette garniture dans la sauteuse avec le lapin, finissez de bien colorer l'ensemble, ajoutez l'ail écrasé et les assaisonnements.
4. Égouttez les pruneaux et réservez-les. Mouillez le lapin avec le vin dans lequel ont macéré les pruneaux, mettez également le bouquet garni, réduisez le vin de moitié et ajoutez le fond de veau, faites cuire pendant 1 h avec frémissement. Attention au fond de la sauteuse. Mélangez bien avec une spatule pour éviter qu'il ne brûle.
5. Pendant la cuisson, faites glacer les oignons : mettez-les dans un sautoir* avec le sucre, 10 g de beurre et 10 cl d'eau, à feu vif jusqu'à coloration. Surveillez bien.
6. En fin de cuisson, vérifiez la liaison et l'assaisonnement de la sauce, puis ajoutez les cives* ciselées finement, les pruneaux et les oignons glacés. Portez à ébullition 5 petites minutes.
7. Servez en cocotte.
8. La purée de patates douces : épluchez les patates douces. Faites-les cuire à l'eau salée, égouttez, passez au presse-purée et finissez par la crème chaude et le beurre. Servez à part.

Le fond de veau

Faites colorer* les denrées les unes après les autres, avec le concentré de tomates et le poivre concassé. Mouillez d'eau à hauteur et laissez cuire 1 h à feu moyen (4-5) en écumant régulièrement afin d'obtenir un jus clair et goûteux.

Entre nous

Vous pouvez cuisiner ce civet avec des figues ou des abricots secs à la place des pruneaux, ou marier différents fruits secs.

Je préfère cuisiner le civet traditionnellement avec la garniture « grand-mère » : oignons glacés, champignons, lardons et pommes de terre tournées, ou petites pommes de terre grenailles à la peau.

Christian

Civet de lapin aux pruneaux et patates douces

BABA AU RHUM ET CRÈME FOUETTÉE

1 h | 35 min + attente : 1 h

52 cl de crème fleurette
10 cl de lait 1/2 écrémé
26 g de levure boulangère
4 g de sel fin
24 g de sucre en poudre
36 g de farine
16 cl d'œuf entier (liquide)
96 g de beurre

Sirop

20 cl de rhum brun
50 cl d'eau
500 g de sucre

Crème fouettée

40 cl de crème liquide
2 cl de vanille liquide
20 g de sucre glace

1. Chauffez la crème et le lait à 30°C, pour bien tiédir. Délayez-y la levure, puis ajoutez le sel et le sucre.

2. Disposez la farine, les œufs, puis le liquide dans le bol du mixeur. Mélangez avec le crochet pétrisseur, en forme de feuille, du mixeur.

3. Pétrissez très légèrement (20 s), versez le beurre fondu (mais ne mélangez pas).

4. Faites lever, « gonfler », la pâte à température ambiante, entre 25 et 30° (afin que la levure fasse réaction). Le beurre va naturellement se déposer au fond de la cuve par l'effet du gonflement de la pâte. Mélangez à nouveau 2 min pour bien incorporer le beurre. La pâte va retomber

5. Moulez dans des moules individuels, ou dans un grand moule à baba, après les avoir bien beurrés et farinés.

6. Faites pousser à nouveau la pâte dans les moules… et faites cuire dans un four chaud à 220°C (th 7-8), 25 à 35 min selon la grosseur des moules. Démoulez et laissez sécher à température ambiante.

7. La crème fouettée : fouettez la crème à l'aide d'un fouet, ou d'un batteur électrique, jusqu'à la consistance d'une chantilly. À la fin, ajoutez le sucre glace.

8. Le sirop : faites bouillir l'eau et le sucre, cuisez 3 à 4 min, et ajoutez le rhum. Augmentez la quantié de rhum selon votre goût. Laissez refroidir.

9. Faites imbiber les babas dans le sirop. Répétez l'opération plusieurs fois.

Entre nous

La durée pour faire pousser la pâte dépend de la température ambiante.

J'ajoute des raisins secs et des fruits confits dans la pâte, avant cuisson.

Sophie

J'adore accompagner le baba de la confiture de mirabelles de ma maman.

Christian

Santa Maria

CAPPUCCINO DE TOPINAMBOURS ET CÈPES

500 g de topinambours
1 branche de céleri
1/2 l de bouillon de volaille maison ou déshydraté Maggi
500 g de cèpes bouchon, petits et fermes
1 orange
20 cl de crème fleurette
Sel, poivre : pm*

Bouillon de volaille

1 kg d'aileron, cou ou carcasse de volaille (voir avec votre boucher)
Garniture aromatique : 1 oignon, 1 carotte, 1 bouquet garni, 1 branche de céleri, 1 clou de girofle, 2 grains de poivre
1 litre d'eau

25 min — 15 min

1. Réservez la crème bien au froid pour qu'elle monte mieux au moment où vous la fouetterez.

2. Épluchez les topinambours ainsi que les parties fibreuses du céleri branche avec un couteau économe. Coupez les légumes en mirepoix*.

3. Le bouillon de volaille : dans une casserole, mettez les carcasses de volaille avec de l'eau à hauteur, portez à ébullition. Écumez régulièrement avec une écumoire. Puis ajoutez la garniture et les épices. Faites cuire 30 min, égouttez dans un chinois* à grille fine. Faites réduire* le liquide jusqu'à obtention d'un ½ litre de bouillon. Faites bouillir les topinambours dans le bouillon de volaille et laissez cuire environ 10 à 15 min jusqu'à ce que les topinambours deviennent fondants.

4. Pendant la cuisson des légumes, fouettez la crème bien froide jusqu'à obtenir la consistance d'une chantilly, ajoutez une touche de sel selon votre goût.

5. Coupez les cèpes en tranches fines, badigeonnez-les d'huile d'olive et de fleur de sel. Puis passez-les au four 10 à 15 min afin de les rendre croustillants.

6. Râpez le zeste d'orange et pressez le jus. Mixez les légumes avec la moitié du jus de cuisson et le jus d'orange. Vérifiez l'assaisonnement et l'épaisseur du velouté de topinambours. S'il est trop épais, rallongez-le avec le jus de cuisson conservé.

7. Versez la soupe dans 4 verres ou verrines ; ajoutez, au dernier moment, la crème montée à l'aide de deux cuillères pour faire une quenelle. Parsemez du zeste d'orange râpé et des cèpes pour le croquant. Servez aussitôt.

Entre nous

Si vous possédez un siphon pour la crème, c'est idéal pour faire le cappuccino au dernier moment dans un verre.

Pendant la cuisson, j'ajoute dans le bouillon les pieds des cèpes avec les topinambours.

Christian

NOIX DE SAINT-JACQUES POÊLÉES ET POIREAUX À LA RÉGLISSE

20 min — 10 min

16 noix de Saint-Jacques (4 pièces/personne)
3 kg de poireaux
10 cl d'huile d'olive
100 g de beurre
25 cl de crème fleurette
1 bâtonnet de réglisse (dont on utilise à peine le quart)
Sel, poivre : pm*

1. Décortiquez et ébarbez* les Saint-Jacques (ou demandez à votre poissonnier de le faire). Lavez-les bien, puis égouttez-les.
2. Lavez et émincez le poireau très finement.
3. Compotez-le* au beurre avec un peu d'eau, du sel, jusqu'à évaporation de l'eau. En fin de cuisson, ajoutez la réglisse râpée. Égouttez bien et récupérez le jus de poireau pour faire la sauce avec la crème. Attention, la réglisse dégage un parfum très prononcé, je vous recommande de la râper en plusieurs fois, selon votre goût.
4. Poêlez les Saint-Jacques à l'huile d'olive, colorez-les* bien. Faites cuire 3 min de chaque côté, salez et poivrez en fin de cuisson.
5. Disposez le poireau au centre d'un plat, posez les coquilles dessus et nappez le tout de la sauce. Ou servez à l'assiette, si vous préférez.
6. La sauce : récupérez le jus de cuisson du poireau (environ 10 cl). Ajoutez la crème, faites frémir l'ensemble jusqu'à ce que la sauce épaississe. Rectifiez l'assaisonnement. Ajoutez de la réglisse râpée si besoin.

Entre nous

Il y a une saison pour les coquilles Saint-Jacques, d'octobre à mai.

Ma recette préférée reste la Saint-Jacques en persillade.

Sophie

Un souvenir d'enfance : je me rappelle lorsque je rentrais les soirs d'automne, à la nuit tombante, et que ma mère nous faisait la soupe de poireaux pommes de terre. J'avais encore dans la bouche le parfum du bâton de réglisse que j'avais mâché tout l'après-midi.

Christian

BEIGNETS DE POTIRON AUX ZESTES D'AGRUMES

40 min — 10 min

400 g de potirons épluchés
75 cl d'huile (friture)
15 g de sucre semoule
1/2 cuillerée à café de poudre de cannelle
1 zeste d'orange
1 zeste de citron
10 g de sucre glace pour le décor

Pâte à beignets

250 g de farine
2 jaunes d'œuf
2 blancs d'œuf battus en neige
50 de sucre en poudre + 10 g
5 g de sel
50 cl de lait
10 g de levure chimique
1 zeste de citron
1 zeste d'orange
1/2 cuillerée à café de cannelle
5 cl d'huile d'olive

1. Préparez la pâte à beignets. Mélangez la farine, le sel, le sucre, la levure, la cannelle, les jaunes d'œuf, les zestes finement râpés. Incorporez peu à peu le lait, l'huile d'olive. Battez les blancs en neige et mélangez bien le tout. Laissez reposer au frais 1 h.

2. Préchauffez la friteuse.

3. Coupez la chair du potiron en triangles réguliers de 5 à 8 mm d'épaisseur.

4. Dans un plat, mélangez 10 g de sucre avec la cannelle, 1 zeste d'orange et 1 zeste de citron râpés finement. Déposez les morceaux de potiron dans ce mélange avant de les plonger un à un dans la pâte à beignets, puis dans la friteuse chaude à 150°C-160°C (pas trop brûlante pour que le potiron ait le temps de cuire). Laissez dorer 3 à 4 min, sortez-les à l'aide d'une écumoire, posez-les sur un papier absorbant.

5. Servez ces beignets chauds et croustillants, saupoudrés de sucre glace.

Entre nous

Une autre façon de manger du potiron.

J'aime bien tremper les beignets chauds dans un peu de miel doux comme le miel d'acacia.

Sophie

Je les mange toujours accompagnés de la confiture de la mère Lulu (ma maman).

Christian

Noix de Saint-Jacques poêlées et poireaux à la réglisse

RAVIGOTE DE LENTILLES AU SAUMON CONFIT

500 g de lentilles
2 gousses d'ail
1 branche de thym
1 branche de laurier
1 l de bouillon de volaille
100 g de lard
300 g de saumon confit à l'aneth (voir recette ci-dessous)
4 gros œufs frais
Sel, poivre : pm*

Vinaigrette

10 g de câpres
20 g de cornichons
½ botte de persil plat
½ botte de ciboulette
1 échalote
1 cuillerée de moutarde
10 cl de vinaigre de vin
10 cl d'huile d'olive
Sel, poivre : pm*

Gravlax pour 4 personnes

1 filet de saumon frais
200 g de gros sel marin
100 g de sucre semoule
50 g de poivre concassé (mignonnette*)
100 g d'aneth séché (à défaut, 1 botte fraîche hachée)

20 min — 40 min

1. Dans une casserole, avec beaucoup d'eau, faites bouillir les lentilles pendant 2 min. Égouttez la première eau. Laissez refroidir et rincez bien.
2. Dans la même casserole, faites fondre le beurre, l'oignon ciselé (très finement haché) avec les lardons blanchis* au préalable, l'ail écrasé, le thym, 1 feuille de laurier, le sel, le poivre.
3. Mouillez avec le bouillon de volaille (voir recette p. 14). Salez et poivrez.
4. Faites-y cuire les lentilles 30 min à feu moyen. Rectifiez l'assaisonnement. Laissez refroidir dans la casserole.
5. Égouttez les lentilles. Déposez-les au fond d'une assiette creuse, ajoutez la ravigote. Déposez l'œuf mollet que vous aurez coupé au dernier moment pour que le jaune coule dans les lentilles. Finissez par quelques herbes hachées et la fleur de sel.

La sauce ravigote

Faites une vinaigrette bien moutardée avec le persil, les cornichons et câpres hachés, la ciboulette et l'échalote ciselées.

Les œufs mollets

Choisissez des œufs très frais. Faites-les cuire au départ dans de l'eau froide salée, laissez cuire 5 min après ébullition. Rafraîchissez-les rapidement à l'eau froide et écalez-les aussitôt délicatement.

Le saumon confit (Gravlax)

1. Écaillez bien la peau du saumon, enlevez bien les arêtes. Rincez à l'eau claire. Épongez.
2. Faites un mélange avec le gros sel, le sucre semoule, le poivre concassé et l'aneth.
3. Déposez ce mélange sur le filet de saumon et conservez 24 h au froid.
4. Ensuite, jetez le mélange de sel. Rincez légèrement le saumon sous un filet d'eau froide. Épongez-le. Mettez-le dans un film alimentaire après l'avoir badigeonné d'huile d'olive au pinceau. Vous pouvez le conserver ainsi une semaine et le couper en petites tranches très fines, ou plus grosses selon la recette.

Entre nous

Très bonne recette d'hiver, simple, qu'on peut servir froide ou tiède.

MORUE « SALÉE MAISON », PURÉE AUX OLIVES

600 g de cabillaud en filet, avec peau
1 kg de pommes de terre Charlotte
1 kg de gros sel gris
20 g de sucre
5 g de baies de genièvre
50 g d'olives vertes
50 g d'olives noires
2 citrons
40 cl d'huile d'olive

1 h — 35 min

1. Mélangez le sel, le sucre et les baies de genièvre concassées grossièrement.
2. Roulez le filet de cabillaud avec la peau dans ce mélange pendant 1 h, pour bien l'imprégner de chaque côté. Rincez et laissez tremper dans l'eau fraîche environ 10 min.
3. Épluchez les pommes de terre cuites à l'anglaise à l'eau salée (20 g de sel/litre d'eau), pendant 20 min. Égouttez-les puis écrasez-les à la fourchette en incorporant l'huile d'olive en filet.
4. Ajoutez les olives noires coupées en bâtonnets.
5. Faites cuire la morue coupée en 4 morceaux à l'huile d'olive, dans une poêle, côté peau. Colorez bien, 2 min d'un côté, et retournez. Finissez la cuisson.
6. Servez le poisson posé sur la purée, parsemée d'olives vertes également coupées en bâtonnets. Arrosez d'un filet d'huile d'olive et d'un jus de citron.

Entre nous

La morue salée n'est autre que le cabillaud frais que l'on fait confire au gros sel marin.

J'ajoute 1 cuillerée de tapenade dans son écrasée de pommes de terre.

Sophie

Je mélange la morue à l'écrasée de pommes de terre et la fait gratiner dans un plat, avec une légère couche de crème épaisse.

Christian

Ravigote de lentilles au saumon confit

FINANCIER TIÈDE AUX AMANDES ET COULIS D'ANANAS

1/2 ananas
30 g de farine
70 g de sucre glace
30 g de poudre d'amande
50 g de blancs d'œuf à température ambiante
70 g de beurre
10 g d'amandes effilées

Sirop au rhum
2 cl d'eau
2 cl de rhum
10 g de sucre

15 min **20 min**

1. Mélangez dans un saladier le sucre glace, la farine, la poudre d'amande avec un fouet.
2. Incorporez les blancs d'œuf crus en plusieurs fois pour que le mélange se fasse mieux.
3. Ajoutez 10 cl de sirop au rhum et finissez par le beurre fondu couleur noisette. Attention à ne pas le brûler !
4. Fouettez bien et débarrassez dans une boîte avec couvercle que vous mettrez au froid jusqu'au lendemain matin.
5. Mettez le four à chauffer à 150°C (th 5).
6. Disposez sur la plaque du four 4 cercles* à tarte de 8 cm de diamètre bien beurrés. Déposez, à mi-hauteur, un peu d'appareil* à financier dans chaque cercle. Ajoutez des petits dés d'ananas et recouvrez d'appareil à financier à hauteur du cercle. À nouveau, un peu de dés d'ananas et des amandes effilées. Cuisez aussitôt pendant 20 min à 175°C (th 5-6).

Entre nous

Cette recette s'adapte à tous les fruits, selon la saison.

L'été, je préfère les financiers aux cerises.

Sophie

Je l'accompagne d'une glace rhum raisins, comme en Martinique.

Christian

PRESSÉ DE POIREAUX AU SAUMON FUMÉ

30 min — 10 min

240 g de saumon fumé (coupé en tranches épaisses d'un demi-centimètre)
1 kg de petits poireaux

Vinaigrette
8 cl de vinaigre de miel
2 à 3 feuilles de gélatine
1/2 botte de cerfeuil
10 g de graine de sésame
Sel, poivre : pm*

Sauce
20 cl d'huile d'olive
6 cl de soja
10 g de graines de sésame brun
2 g poivre du moulin

1. Coupez le pied et le vert des poireaux. Fendez-les en croix puis lavez-les bien.
2. Faites tremper la gélatine dans l'eau froide et hachez finement le cerfeuil.
3. Faites cuire les poireaux au four vapeur avec un peu d'eau salée. Égouttez bien sur du papier absorbant pour exprimer toute l'eau. Gardez 20 cl de bouillon chaud. Ajoutez la gélatine, le cerfeuil, le vinaigre, les graines de sésame grillées au four 3 min, le sel, le poivre et la moitié de la sauce soja.
4. Tapissez un moule à cake de papier film. Ajoutez un peu de cette vinaigrette de sésame à la gélatine en intercalant le poireau et le saumon fumé. Mettez au frais une nuit.
5. Coupez en tranches épaisses, que vous accompagnerez d'un peu de sauce de soja. Vous pouvez également faire frire à l'huile des lanières de poireau pour la décoration.
6. La sauce au soja : mélangez le soja, les graines de sésame, le poivre du moulin avec un fouet, ajoutez l'huile d'olive en filet.

Entre nous

Vous pouvez utiliser du saumon Gravlax (voir recette p. 20).

J'accompagne cette recette d'une crème fouettée au citron et coriandre, servie à part.

Sophie

J'ajoute des petits pois frais, presque crus, dans ce pressé ainsi que quelques gousses de petits pois, avec un filet d'huile d'olive.

Christian

JOUES DE BŒUF CONFITES AU VIN, CAROTTES ET OIGNONS

1 kg de joues de bœuf
2 oignons
6 carottes de couleur (violettes, blanches et jaunes)
3 gousses d'ail
1 bouquet garni
50 cl de vin blanc
50 cl de fond de veau lié (ou déshydraté)
5 cl d'huile
20 g de beurre
10 g de concentré de tomates
100 g de lard fumé pour lardons
Sel, poivre : pm*

30 min — 2 h

1. Lavez et épluchez tous les légumes.
2. Coupez les joues de bœuf en petits morceaux, puis faites-les colorer* dans une cocotte avec l'huile et le beurre. Ajoutez les oignons coupés en mirepoix* et l'ail écrasé, finissez par les lardons. Colorez bien tous les éléments à feu doux, pendant 20 min environ.
3. Ensuite, déglacez* avec le vin blanc, faites réduire* et ajoutez le fond de veau lié, le concentré de tomates et le bouquet garni.
4. Faites cuire, couvert, 1 h 30 à feu moyen, en remuant régulièrement à l'aide d'une spatule.
5. Pendant la cuisson, coupez les carottes en rondelles et ajoutez-les en fin de cuisson aux joues de bœuf. Ajoutez un petit peu d'eau si besoin dans la cocotte. Faites cuire à nouveau pendant 30 min. Vérifiez la cuisson de la joue et des carottes, puis servez chaud dans la cocotte.

Entre nous

Cette recette, mijotée, se prépare si possible la veille ou l'avant-veille. Réchauffée, elle sera plus moelleuse et plus goûteuse.
Les carottes de couleur ne sont qu'une question de présentation pour vos amis, elle n'apportent pas de goût différent. Les carottes des sables seront également d'une douceur mémorable pour ce plat mijoté.

Je cuisine la joue de bœuf avec du vin blanc, que je trouve plus digeste, et j'ajoute quelques champignons de Paris.

Sophie

Je rajoute dans sa mitonnée deux morceaux de queue de bœuf, pour un plat encore plus onctueux et parfumé.

Christian

BLANC-MANGER, ANANAS ET COULIS DE MANGUE

200 g de fromage frais de vache 40% MG
220 g de crème fleurette
35 g de sucre
1 gousse de vanille (les graines)
10 cl de lait d'amande
1 goutte d'extrait d'amande amère
8 feuilles de menthe
1 feuille 1/2 de gélatine ou 2 g de gélatine en poudre
1 mangue (pour le coulis)
le jus d'une orange
1 petit ananas Victoria

25 min — 10 min

1. Épluchez l'ananas à l'aide d'un couteau souple. Coupez-le en 4 dans le sens de la longueur, puis découpez-le en petits triangles.
2. Épluchez la mangue bien mûre, enlevez la chair autour du gros noyau, conservez 4 morceaux pour le décor et mixez pour obtenir un coulis que vous mélangerez avec le jus d'orange.
3. Mettez dans un saladier les morceaux d'ananas à macérer* avec la menthe ciselée et 2 cuillerées à soupe de coulis de mangue/orange. Conservez également 4 morceaux d'ananas pour le dressage*.
4. Faites ramollir la gélatine dans un bol d'eau froide.
5. Faites bouillir le lait d'amande, ajoutez la gélatine bien pressée entre vos doigts et mélangez bien pour qu'elle fonde.
6. Hors du feu, ajoutez une goutte d'extrait d'amande, les graines de l'intérieur de la gousse de vanille. (Pour ce faire, fendez la gousse en deux et raclez à l'aide d'une pointe de couteau.) Laissez infuser.
7. Mélangez dans un saladier le fromage blanc avec le lait d'amande. Incorporez délicatement la crème fouettée.
8. Garnissez le fond des coupelles des morceaux d'ananas macérés. Ajoutez une cuillerée à soupe de coulis, remplissez de fromage blanc/crème. Finissez par une feuille de menthe et un beau morceau d'ananas et de mangue.
9. Servez à part le reste du coulis.

Entre nous

Le lait d'amande peut se faire soi-même avec du lait entier, de la pâte d'amande et de l'extrait d'amande.
20 cl de lait entier
20 g de pâte d'amande de Provence à 70% (Valrhona)
1 goutte d'extrait d'amande amère
Faites bouillir le tout 30 secondes et laissez infuser. Puis filtrez.

Je dispose dessus une couche de noisettes concassées et grillées au four avec une cuillerée à café de sucre glace, pour un aspect doré et craquant.

Christian

Joues de bœuf confites au vin, carottes et oignons

staub

NAGE DE LÉGUMES OUBLIÉS, LANGOUSTINES À LA CORIANDRE

1 h — 20 min

12 langoustines entières, taille 8/10 (3 pièces/personne)
150 g de potimarron
100 g de panais
100 g de topinambours
100 g de blancs de poireaux (Gardez le vert pour une autre préparation.)
1 botte de coriandre fraîche
Fleur de sel : pm*
épices : curry, piment d'Espelette, cumin, gingembre (1 g de chaque = la pointe d'un couteau)
huile d'olive
1/2 bâton de citronnelle
20 cl de bouillon de légumes

Bouillon de légumes (1 litre)
1,5 l d'eau
4 g de sel
50 g de vert de poireau
50 g de carottes
10 g de feuilles de céleri
50 g de rutabaga
2 grains de poivre

1. Décortiquez les queues des langoustines crues sans les casser. Incisez la partie dorsale sur toute la longueur de façon à dégager et enlever le filament noir (boyau) qui donne de l'amertume à la cuisson. Badigeonnez-les avec un peu d'huile d'olive à l'aide d'un pinceau. Assaisonnez-les légèrement de fleur de sel et de curry madras, puis réservez-les bien à plat au froid.
2. Épluchez et taillez les légumes (potimarron, panais, topinambour) en fine brunoise* et les poireaux en fine julienne*.
3. Faites bouillir 1 litre de bouillon de légumes bien parfumé avec 1/2 bâton de citronnelle et les épices. Faites cuire les légumes séparément, 2 min, dans ce bouillon en ébullition. Surtout, gardez les légumes légèrement croquants. Vérifiez l'assaisonnement.
4. Une fois cuits, mélangez les 4 légumes et disposez-les dans 4 grandes assiettes suffisamment creuses.
5. Poêlez légèrement les queues de langoustine, sur le dos, bien à plat dans l'huile d'olive. Après coloration, disposez-les dans chaque assiette creuse, sur les légumes, en présentant le côté coloré.
6. Ajoutez la coriandre fraîche hachée grossièrement, puis versez le bouillon épicé qui vous a servi à cuire les légumes. Le bouillon doit être très très chaud (en ébullition) afin de réchauffer les légumes et de finir de cuire les queues de langoustine. Servez aussitôt.

Le bouillon de légumes

Mettez les légumes dans l'eau froide. Faites-les bouillir 30 min environ pour bien cuire tous les légumes et pour avoir 1 litre de bouillon. Rectifiez l'assaisonnement. Filtrez et conservez pour une préparation.

Entre nous

La taille 8/10 veut dire qu'il y a 8 à 10 pièces au kilo. Pour cette recette où il faut décortiquer les langoustines, conservez les têtes pour une autre recette, elles donneront un sublime velouté avec de la crème et quelques croûtons.

Pour un soir de fête, juste avant de servir, vous pouvez ajouter 2 à 3 fines lamelles de truffe fraîche. Mais supprimez la coriandre et la citronnelle, trop parfumées pour la truffe.

Sophie

PINTADE AU CHOU À MA FAÇON, CUITE EN COCOTTE

1 pintade de 1,4 à 1,5 kg
1 chou vert
2 carottes
1 oignon
150 g de lard fumé
25 cl de vin blanc sec
20 g de beurre
5 cl d'huile d'olive
Sel, poivre : pm*

40 min — 1 h 30

1. Effeuillez le chou feuille à feuille, retirez les côtes au milieu des feuilles. Lavez-le et coupez-le grossièrement en lanières.
2. Mettez le chou à blanchir* 5 min à l'eau salée. Refroidissez-le sous l'eau froide et égouttez. Conservez-le dans une passoire.
3. Videz et bridez la pintade. En termes de cuisine, on dit « habiller ».
4. Dans une cocotte (en fonte), faites dorer la pintade avec l'huile d'olive, une dizaine de minutes sur chaque face, à feu moyen pour ne pas faire brûler la peau.
5. Vers la fin, pour bien la colorer*, ajoutez 20 g de beurre, sel et poivre. Laissez encore 5 min et retirez la pintade de la cocotte.
6. Coupez le lard en gros morceaux. Faites-le revenir 5 min environ.
7. Coupez les carottes en rondelles de la grosseur des morceaux de lard. Finissez par l'oignon émincé. Faites bien fondre le tout. Enlevez le surplus de graisse s'il y en a.
8. Versez le vin blanc, faites réduire* et ajouter 1/2 litre d'eau. Décollez bien les sucs au fond de la cocotte. Portez à ébullition, puis ajoutez le chou blanchi.
9. Finissez de compoter* la pintade avec tous les légumes et le lard fumé.
10. Faites cuire à couvert, 30 à 40 min, au four à 180°C (th 6). À mi-cuisson, ajoutez un verre d'eau s'il n'y a pas assez de jus. Réduisez la température à 150°C (th 5).
11. Laissez reposer 10 min.
12. Découpez la volaille en 8 morceaux et présentez dans la cocotte. Servez à chaque convive un morceau de cuisse et un morceau d'aile.

Entre nous

Le chou diminue à la cuisson, surtout lorsqu'il est compoté longuement. N'hésitez pas à prendre un gros chou vert bien pommé.

Avec des petits jarrets de cochon, cette recette est également très goûteuse. En revanche, il faut les blanchir* 10 min à l'eau avant de les colorer* et les cuire un peu plus longuement que la pintade.

Christian

DEPUIS 1503
CHATEAU
LAGREZETTE
CRU D'EXCEPTION
MALBEC

ANANAS CONFIT AU FENOUIL ET AU GINGEMBRE

40 min · 1 h

1 ananas
1 bulbe de fenouil
1/2 racine de gingembre
25 cl de sirop à 30°C

1. Épluchez et taillez le gingembre en fine brunoise*. Blanchissez-le 3 fois en le rafraîchissant à chaque fois.
2. Mettez-le à infuser dans le sirop pendant 40 min, à 60°C. Ne faites pas bouilllir.
3. Ajoutez le fenouil également taillé en brunoise, mais un peu plus gros que le gingembre. Infusez 20 min et laissez refroidir.
4. Ajoutez l'ananas taillé en morceaux un peu plus gros et laissez-les confire dans le sirop. Réservez 6 h au froid avant de servir.
5. Dressez dans de beaux verres ou verrines.

Le sirop

Pour obtenir le sirop à 30°C, il faut mettre autant d'eau que de sucre et porter à ébullition 2 min. Une fois froid, le sirop pèse 30°C environ.

Entre nous

Un mariage étonnant mais très digeste et plein de fraîcheur.

J'ajoute quelques mini-financiers à l'ananas (voir recette p. 24) pour accompagner ce dessert.

Sophie

J'apporte un peu d'acidité à cette recette d'ananas confit avec un sorbet soit au pamplemousse jaune soit au citron vert.

Christian

TARTINE DE BOUDIN NOIR, POMMES CRUES ET CUITES

15 min | 5 min + 30 min pour le chutney

400 g de boudin
4 belles tranches de baguette
5 cl de bouillon ou d'eau
2 pommes granny Smith
12 baies roses
1 poignée de mâche
1/2 jus de citron
5 cl d'huile d'olive
Sel : pm*

Chutney
500 g d'oignons
10 g de beurre
5 cl de miel
5 cl de vin vieux
10 cl de vin blanc
Sel : pm*
1/2 cuillerée à café de trois-épices
1/2 cuillerée à café rase de cannelle
1/2 cuillerée à café rase de curry
1/2 cuillerée à café rase de gingembre

1. Lavez les pommes sans les éplucher, puis ôtez le cœur avec un vide-pommes.
2. Coupez une pomme en petits dés et l'autre en bâtonnets (de la taille d'une grosse allumette). Citronnez-les.
3. Faites sauter vivement (1 min) les dés dans la poêle avec l'huile d'olive. Gardez-les bien croquants.
4. Toastez les tartines taillées en biseau.
5. Enlevez la peau du boudin. Faites-le tiédir doucement dans une poêle avec 5 cl de bouillon et, à l'aide d'une fourchette, ramollissez-le bien.
6. Étalez un peu de chutney sur les tartines et finissez par le boudin.
7. Répartissez sur les tartines les dés de pommes cuites puis les bâtonnets, les baies roses et quelques pousses de mâche à côté, avec un filet d'huile d'olive.

Le chutney : émincez très finement les oignons. Faites-les fondre avec le beurre, ajoutez le miel lorsqu'ils commencent à colorer*, mouillez avec le vin blanc et le vinaigre, faites réduire*, mettez les épices et le sel, 10 cl d'eau, et faites cuire doucement jusqu'à évaporation totale.

Entre nous

Prenez un bon boudin acheté chez votre charcutier.

Avec du boudin blanc et un peu de moutarde de Meaux à la place du chutney, c'est plus digeste.

Sophie

J'en fais des tapas pour les repas de jours de flemme !

Christian

FILET MIGNON MARINÉ AU BASILIC, ÉCRASÉE DE RATTES AUX OLIVES

800 g de filet mignon de porc
700 g de pommes de terre ratte
10 cl de crème UHT épaisse
40 g de beurre
Fleur de sel : pm*
0,1 g de muscade en poudre
20 cl d'huile d'olive
1 botte de basilic
10 cl de vin blanc
60 g d'olives noires confites (à la grecque)
10 cl de fond de veau

30 min — **20 min**

1. Tranchez les filets de porc dans le sens de la longueur. Aplatissez pour former de longues escalopes. Faites mariner 5 à 6 h à l'huile d'olive avec le basilic, le sel et le poivre.

2. Faites cuire les pommes de terre ratte avec la peau. Épluchez-les et écrasez-les avec le beurre et la crème, la fleur de sel, le poivre, la noix de muscade.

3. Égouttez les escalopes de filet de porc. Couvrez sur une face des feuilles de basilic et roulez-les en forme de boudin. Maintenez-les avec de la ficelle ou une pique en bois.

4. Faites cuire les mignons avec l'huile de marinade en les tournant régulièrement une quinzaine de minutes.

5. Jetez l'huile et déglacez* au vin blanc. Réduisez et décollez bien les sucs avec 10 cl de fond de veau. Ajoutez 2 grosses cuillerées de basilic haché.

6. Disposez ce jus dans le fond de l'assiette. Disposez un roulé de mignon de porc (enlevez la ficelle) accompagné de purée parsemée d'éclats d'olives.

Entre nous

On peut également servir avec une fine ratatouille.

Je remplace le porc par du veau : la recette et tout aussi savoureuse et très simple.

Sophie

J'utilise des filets de volaille coupés en escalopes, du basilic et une pointe de curry.

Christian

Filet mignon mariné au basilic, écrasée de rattes aux olives

MOELLEUX TIÈDE AU CHOCOLAT, SORBET CACAO

20 min — 7/8 min

180 g de chocolat 70% cacao
180 g de sucre glace
180 g de beurre (noisette)
250 g de blancs d'œuf
85 g de farine
80 g de poudre d'amande

1. Faites fondre le chocolat au bain-marie, à 50°C maximum.
2. Mélangez dans un cul-de-poule* le sucre glace, la farine, la poudre d'amande à l'aide d'un fouet. Ensuite, incorporez les blancs d'œuf, qui doivent être à température ambiante.
3. Incorporez le chocolat en une seule fois. Mélangez délicatement mais rapidement. Finissez par le beurre fondu chaud (couleur noisette). Mélangez à nouveau rapidement puis moulez dans des moules individuels en aluminium de 7 cm de diamètre, préalablement beurrés.
4. Faites cuire 7 min à 180°C.
5. Démoulez et accompagnez d'un sorbet cacao.

Entre nous

C'est la recette de moelleux la plus simple que je connaisse.

Je prépare ce moelleux à l'avance
et le conserve au réfrigérateur.
Il suffit de le sortir 1 h avant la cuisson.

Sophie

Une glace cappuccino se marie
à merveille avec le chocolat.

Christian

SALADE D'ENDIVES CUITES ET CRUES AU BALSAMIQUE

15 min — 5 min

8 endives, environ 1 kg
4 œufs
1 pincée de sucre
1 cuillerée à soupe de moutarde de Dijon
10 cl d'huile d'olive
5 cl de vinaigre de vin vieux
2 cl de vinaigre balsamique
1 cuillerée à soupe de persil plat haché
Fleur de sel, poivre : pm*

1. Retirez les feuilles flétries des endives. Lavez-les bien et égouttez-les. Coupez-en 4 dans le sens de la longueur et les 4 autres en tronçons dans le sens de la largeur.
2. Faites cuire les œufs dans l'eau salée pendant 9 min. Après ébullition, rafraîchissez-les, écalez-les et coupez-les en 4.
3. Faites une vinaigrette avec, dans l'ordre, le sel fin, le vinaigre de vin, le poivre, la moutarde et 8 cl d'huile d'olive pour émulsionner.
4. Dans une poêle, versez le reste de l'huile d'olive. Faites sauter rapidement à feu vif les endives coupées en tronçons. Salez, poivrez et sucrez.
5. Enrobez les feuilles d'endives crues dans la vinaigrette. Disposez-les en éventail dans 4 assiettes plates. Posez en tas les endives cuites, intercalez les quartiers d'œuf dur entres les endives crues, parsemez de persil plat, d'un filet de vinaigre balsamique et d'un tour de moulin à poivre.

Entre nous

Quelques noix concassées peuvent apporter un autre goût, avec un filet d'huile de noix.

J'ajoute quelques copeaux de comté.

Sophie

J'ajoute une petite julienne* de pommes vertes.

Christian

FILET DE DORADE POÊLÉ, MOUSSELINE DE CÉLERI AU ROQUEFORT

2 dorades grises de 600 à 800 g chacune
5 cl d'huile d'olive
1/2 céleri rave
20 g de crème épaisse
1 citron
100 de roquefort, dont 20 g taillés en dés
50 g de beurre
20 g de noix
10 cl d'huile de noix
100 g de pousses d'épinard
Sel, poivre : pm*
1 pincée de noix de muscade (la pointe d'un couteau)

20 min — 35 min

1. Chez votre poissonnier, faites écailler et lever les dorades en filets. Enlevez les arêtes au milieu de chaque filet.
2. Épluchez le céleri, citronnez-le pour éviter qu'il noircisse, et faites-le cuire à la vapeur 30 min.
3. Faites la mousseline de céleri au robot. Ajoutez le sel, le poivre, la noix de muscade, la crème et le beurre, la moitié du roquefort. Mixez bien. Conservez au chaud et ajoutez l'autre moitié du roquefort. Coupez en petits dés avant de servir.
4. Poêlez les filets de dorade, côté peau, à l'huile d'olive. Salez et poivrez. Retournez les filets 2 min pour finir la cuisson.
5. Au centre de l'assiette, mettez la mousseline de céleri. Posez délicatement le filet de dorade et finissez par quelques pousses d'épinard cru assaisonnées de quelques gouttes d'huile de noix, des petits dés de roquefort et des cerneaux de noix.

Entre nous

Attention à ne pas mettre trop de roquefort dans le céleri, car le goût du fromage peut détruire les autres goûts.

J'ajoute une pomme de terre dans la purée de céleri, pour une meilleure tenue.

Sophie

J'ajoute quelques copeaux de mimolette vieille, à la place du roquefort dans la purée de céleri. Essayez !

Christian

Filet de dorade poêlée, mousseline de céleri au roquefort

PETITS POTS À LA CHICORÉE, AU CHOCOLAT NOIR ET MADELEINES

Crème à la chicorée
30 cl de lait entier
10 cl de crème liquide
25 g de beurre
50 g de chocolat à 70% de cacao
20 g de chicorée moulue (Leroux)
1 cuillerée à soupe rase de poudre à flan (10 g environ)
5 jaunes d'œuf
50 g de sucre en poudre

Sauce chocolat
50 g de chocolat à 70% de cacao
15 g de sucre / 5 cl d'eau

20 min — 15 min

1. Mélangez dans un grand saladier, avec un fouet, les jaunes, le sucre et la poudre à flan jusqu'à ce que l'ensemble blanchisse* légèrement. (Conservez alors à température ambiante.)
2. Dans une casserole, faites bouillir le lait entier, la crème et le beurre. Une fois l'ébullition atteinte, ajoutez rapidement le chocolat et la chicorée en mélangeant bien. Versez l'ensemble sur les jaunes d'œuf sucrés et fouettez vigoureusement.
3. Remettez l'appareil* dans la casserole et faites cuire à feu doux en fouettant sans relâche jusqu'à ce que la crème devienne nappante comme une crème anglaise. Ne faites pas bouillir. Remplissez alors aux 2/3 des petits pots d'une hauteur de 5 à 6 cm.
4. Laissez refroidir.
5. Avant de servir, faites fondre le chocolat et le sucre dans les 5 cl d'eau, puis nappez sur les crèmes.

Madeleines
100 g de blancs d'œuf (4 œufs)
100 g de sucre glace
40 g de farine
½ sachet de levure chimique
40 g de poudre d'amandes
100 g de beurre
50 g de miel liquide
1 moule à alvéoles spécial madeleines

Les madeleines

15 min — 12/15 min

1. Faites fondre le beurre dans une casserole jusqu'à ébullition. Laissez cuire jusqu'à ce qu'il commence à brunir afin qu'il développe une bonne odeur de noisette. (Attention à ne pas le faire brûler.) Laissez refroidir la casserole dans de l'eau froide pour stopper la cuisson.
2. Mélangez le sucre glace, la farine, la poudre d'amandes et le beurre.
3. Battez les blancs tempérés dans un saladier, à l'aide d'un fouet. Ils doivent rester en neige très légèrement montée (à moitié). Puis incorporez-les avec le fouet sans brutalité, au mélange farine-sucre-amandes, ajoutez le beurre froid et finissez par le miel.
4. Allumez le four à 190°C (th 6/7).
5. Mettez l'appareil à madeleines au frais avec un papier film, environ 2 h.
6. Remplissez à hauteur les alvéoles du moule à madeleines. (Pensez bien à beurrer et fariner si le moule n'est pas antiadhésif.)
7. Mettez au four à 180°C (th 6) et faites cuire 12/15 min.

Entre nous

C'est une recette très facile (surtout avec les moules en silicone).

Je prépare mon appareil* à madeleines la veille.
Je remplis les alvéoles complètement, ce qui permet d'avoir des madeleines avec une belle bosse sur le dessus.

Sophie

MENUS D'HIVER

VELOUTÉ DE POTIRON ET CHÂTAIGNES AU LARD GRILLÉ

1 kg de potiron
100 g de fromage râpé (emmental, gruyère, comté, etc. selon votre goût)
50 g de pommes de terre
50 g de beurre
1 oignon
1/2 l de lait
1/2 l de crème fraîche
1 l de bouillon de volaille
500 g de châtaignes surgelées
150 g de poitrine fumée

20 min | 40 min

1. Épluchez le potiron et coupez-le en gros dés. Enlevez bien les graines.
2. Coupez l'oignon très finement ciselé. Dans une casserole, faites-le fondre avec la moitié du beurre, sans le laisser colorer*.
3. Ajoutez le potiron, 400 g de châtaignes, le lait, le bouillon et la moitié de la crème fraîche. Laissez cuire à feu moyen et, à la première ébullition, ajoutez le fromage râpé et les pommes de terre coupées en deux. Assaisonnez. Laissez cuire environ 30 min à feu moyen en mélangeant régulièrement avec une spatule afin que le potiron ne colle pas au fond.
4. Pendant la cuisson, coupez la poitrine en lanières très fines et faites-les cuire entre 2 feuilles de papier sulfurisé, 15 à 20 min dans un four à 170°C (th 5-6) pour qu'elles deviennent croustillantes.
5. Mixez et terminez en ajoutant le reste de crème et de beurre frais.
6. Au moment de servir, disposez une ou deux lanières de poitrine par assiette. Vous pouvez aussi servir les lanières à part avec des croûtons grillés et quelques morceaux de châtaignes. La châtaigne apporte de la liaison à cette soupe.

Entre nous

Vous pouvez aussi couper la poitrine fumée en petits lardons.

Les jours de fête, j'adore ajouter des copeaux de foie gras cru qui vont fondre légèrement dans la soupe et la parfumer.

Sophie

L'hiver, dans mon enfance, je mangeais de la soupe au potiron trois fois par semaine.

Christian

LAPIN DU POITOU AUX NOISETTES ET FRUITS SECS

1/2 lapin du Poitou d'environ 1,5 kg (soit 2 cuisses et 1 rable)
1 oignon
2 gousses d'ail
1/2 botte de thym-citron
1 citron vert
Sel, poivre : pm*
1 pincée de cumin
1 cuillerée à café de sucre glace (5 g)
5 cl d'huile de noisette
50 g de beurre
30 cl de fond de veau
5 cl de miel d'acacia
10 cl de vin blanc sec
Fruits secs : 50 g de pruneaux, 50 g d'abricots, 50 g de figues, 100 g de noisettes entières avec peau

20 min — 1 h 30

1. Coupez le lapin en morceaux. (Ou demandez-le à votre boucher.) Assaisonnez de sel et de poivre, en quantité suffisante, le lapin est une chair un peu fade.
2. Faites saisir, à feu vif, les morceaux de lapin dans une cocotte avec l'huile de noisette et le beurre. Baissez légèrement le feu et faites colorer* doucement le lapin (environ 20 min) puis ajoutez les oignons coupés en mirepoix*, l'ail écrasé et la moitié de la fleur de thym-citron.
3. Lorsque le lapin est bien croustillant, au bout de 20 minutes, retirez l'excédent de matière grasse, ajoutez le cumin puis déglacez* avec le vin blanc et laissez réduire*.
4. Après réduction, ajoutez le jus de citron vert et le miel. Laissez cuire à feu doux 10 à 15 min, puis mouillez avec le fond de veau. Laissez cuire environ 1 h à feu doux.
5. Pendant ce temps, faites colorer*, 10 min au four, les noisettes avec une cuillerée de sucre glace.
6. 5 min avant la fin de la cuisson du lapin, ajoutez tous les fruits secs coupés de la grosseur des noisettes. Enfin, rectifiez l'assaisonnement et disposez les noisettes torréfiées et le reste de la fleur de thym.

À savoir : le râble (filet) demande une cuisson plus courte que les cuisses. Donc, retirez-les de la cocotte 15 à 20 min avant les autres morceaux.

Entre nous

Le lapin est une viande très savoureuse si elle n'est pas en surcuisson. Elle demande, en revanche, à être parfumée pour la rendre encore plus goûteuse. Ici, j'ai préféré utilisé du thym citronné, mais vous pouvez aussi utiliser du romarin.

J'aime aussi cuisiner le lapin à la moutarde avec un peu d'ail et du vinaigre de vin vieux.

Sophie

Je suis originaire du Poitou où l'élevage est abondant et où l'on trouve une variété extraordinaire, le Rex du Poitou ; son engraissement à base de luzerne rend sa chair très charnue et moins sèche après cuisson.

Christian

TERRINE DE POMMES REINETTES À LA CANNELLE

8 g de gélatine (4 feuilles)
1,1 kg de pommes reinettes
125 g de sucre cassonnade
65 g de beurre
Fleur de sel : pm*
1 g de cannelle en poudre
1 g de muscade en poudre
1 g de Cinq épices
25 cl de crème fleurette
10 cl de blanc d'œuf (liquide)
70 g de sucre semoule

Génoise (350 g)
20 cl de blanc d'œuf (liquide)
10 cl de jaune d'œuf (liquide)
125 g de sucre en poudre
70 g de farine
70 g de Maïzena

Sirop
10 cl d'eau
20 g de sucre
5 cl de calvados

45 min **20 min**

1. Faites ramollir les feuilles de gélatine dans de l'eau froide.
2. Épluchez les pommes et coupez-les en quartiers. Sauf 4, que vous conserverez pour les couper en rondelles et qui serviront à chemiser* le moule à cake.
3. Poêlez les quartiers, dans une poêle adhésive, avec la cassonade et le beurre pendant 20 min à couvert.
4. Jusqu'à ce qu'elle soient fondantes, écrasez les pommes encore tièdes à la fourchette, avec la gélatine bien essorée.
5. Assaisonnez d'une pincée de fleur de sel, de cannelle, de muscade et des Cinq épices. Laissez refroidir.
6. Fouettez la crème bien ferme et incorporez-la à la compote froide.
7. Montez les blancs en neige (bien fermes) avec 20 g de sucre et incorporez-les à la spatule, au mélange compote-crème.
8. Faites dorer rapidement dans le beurre les rondelles de pommes restantes, de chaque côté. Chemisez un moule (individuel ou moule à cake) d'un papier sulfurisé pour faciliter le démoulage.
9. Étalez au fond une couche de compote de pommes, puis une couche de génoise imbibée de sirop et de quelques gouttes de calvados.
10. Montez la terrine jusqu'à épuisement des éléments en terminant par une couche de génoise.
11. Laissez refroidir quelques heures avant de servir.
12. Démoulez la terrine délicatement. Enlevez le papier sulfurisé et coupez-la en tranches de 3 cm environ, avec un couteau à lame fine. Déposez sur les assiettes et servez avec une crème anglaise ou un coulis de pommes vertes.

La génoise

1. Blanchissez* les jaunes avec le sucre, ajoutez en pluie le mélange de farine-Maïzena à la spatule.
2. Montez les blancs bien fermes avec une pincée de sucre et de sel et incorporez-les en soulevant la masse délicatement pour ne pas briser les blancs.
3. Faites cuire sur une plaque avec du papier sulfurisé (en feuille) 15 min, sur 1 cm d'épaisseur.
4. Démoulez la génoise en la retournant sur une autre plaque. Enlevez aussitôt la feuille pour qu'elle colle pas. Coupez la génoise à la forme de votre moule.
5. Recouvrez d'un linge humide pour qu'elle reste moelleuse.

Entre nous

Il est préférable de faire cette terrine la veille.

NOUGAT DE CHÈVRE FRAIS, COULIS DE POMMES VERTES

40 min — 5 min

350 g de chèvre frais en faisselle pas trop égoutté
40 cl de crème fleurette
3 feuilles de gélatine
Sel, poivre : pm*
1 g de piment d'Espelette
5 g de sucre glace
Noix, pistaches, pignons de pin et amandes hachées : 20 g de chaque
Figues sèches, abricots secs, pruneaux et raisins secs : 15 g de chaque
1 pomme verte
1 échalote
1/2 botte de ciboulette
5 cl d'huile d'olive
10 cl de lait, si besoin de détendre la faisselle

Coulis de pommes vertes

2 pommes vertes
5 cl d'huile d'olive
1 g de sel
1 g de piment d'Espelette (la pointe d'un couteau)

1. Faites tremper une feuille de gélatine dans de l'eau froide.
2. Montez la crème fleurette avec l'assaisonnement, puis ajoutez l'échalote et la ciboulette, les 2 ciselées* finement.
3. Grillez au four, une quinzaine de minutes, les fruits secs bien mélangés avec le sucre glace (noix, pistaches, pignons de pin, amandes hachées).
4. Hachez les fruits confits de la grosseur d'un raisin sec (sauf les raisins secs, bien sûr !). Bien mélanger.
5. Travaillez la pâte de chèvre avec l'huile d'olive pour l'assouplir. Ensuite ajoutez la feuille de gélatine préalablement trempée dans 10 cl de lait chaud et bien égouttée. Mélangez bien, puis ajoutez la moitié de la crème. Rectifiez l'assaisonnement, enfin ajoutez délicatement le reste de la crème avec les fruits secs et les fruits confits.
6. Moulez dans des cercles* individuels ou dans une terrine préalablement chemisée* d'un papier film. Mettez au froid jusqu'au lendemain.

Le coulis de pommes vertes — 5 min

- Si vous possédez une centrifugeuse, c'est très simple. Coupez la pomme en 8 morceaux en gardant la peau et les pépins. Mélangez dans un saladier avec l'assaisonnement et l'huile d'olive. Versez dans votre appareil*, contrifugez et conservez au frais.
- Autre méthode (15 min) : Épluchez les pommes, enlevez les pépins, laissez la peau mais coupez en morceaux très petits (brunoise*). Ajoutez l'assaisonnement, mixez à l'aide d'un mixeur pour obtenir un coulis. Ajoutez, s'il le faut, 1 à 2 cuillerées d'eau chaude pour obtenir une bonne consistance. Finissez avec l'huile d'olive. Laissez reposer 1 h pour que la peau de la pomme donne sa couleur verte au coulis.

Entre nous

Il est préférable de faire les nougats de chèvre la veille pour leur donner une belle forme qui tienne. Ce nougat doit être servi très frais, avec un coulis de pomme verte.

Je me sers de cet appareil* à nougat pour faire une sorte de millefeuille au fromage, avec des couches de feuilletage très fines et très croustillantes.

Christian

POT-AU-FEU AUX BETTERAVES ET JOUES DE LOTTES POÊLÉES

600 g de joues de lotte
400 g de betteraves rouges, jaunes, roses et blanches, crues
1 oignon
100 g de tomates
2 g de gingembre frais
5 cl d'huile d'olive
5 cl de vinaigre de vin vieux
1 l de bouillon de bœuf (voir Bouillon de volaille où l'on remplace par des os et parure de bœuf)
2 g de sucre en poudre
100 g de betterave rouge cuite
5 cl de crème montée avec 1/2 citron et 1/2 botte d'aneth
Sel, poivre : pm*

40 min — 20 mn

1. Taillez les betteraves crues en bâtonnets réguliers. Faites-les cuire doucement dans la moitié du bouillon de bœuf. Conservez-les au chaud pour les mélanger avec le reste à la fin de la recette.
2. Hachez l'oignon finement et faites-le fondre doucement à l'huile d'olive. Ajoutez les tomates mondées*, épépinées et coupées en petits dés, puis la brunoise* de gingembre, le sucre, les betteraves rouges cuites. Salez, poivrez. Ajoutez le vinaigre de vin vieux et, pour finir, le reste du bouillon de bœuf. Vérifiez l'assaisonnement selon votre goût.
3. Mixez ou bien laissez les morceaux, comme une nage.
4. Avant de servir, ajoutez une quenelle de crème fraîche parfumée au citron et à l'aneth haché, ou servie à part, ce que préfère faire Sophie.

Cuisson de la joue de lotte

1. Enlevez bien sur chaque joue de lotte la petite peau noire.
2. Épongez et poêlez à l'huile d'olive.
3. Salez en fin de cuisson pour ne pas faire ressortir l'eau du poisson.
4. Disposez dans une assiette creuse avec le bortsch.

Entre nous

Le bouillon de bœuf du pot au feu doit être bien relevé au poivre du moulin. N'hésitez pas à réassaisonner au dernier moment.

J'ajoute à la fin, dans le bouillon, de la coriandre fraîche hachée grossièrement.

Sophie

J'aime l'acidité et le parfum d'un vinaigre de Banyuls.

Christian

Nougat de chèvre frais, coulis de pommes vertes

CRÈME BRÛLÉE AUX POIRES ET À LA RÉGLISSE

20 min — 55 min

- 50 cl de crème liquide
- 4 rouleaux de réglisse
- 1 poire Conférence
- 30 g de sucre semoule
- 4 jaunes d'œuf
- 30 de sucre cassonade

1. Préchauffez le four à 100°C (th 3-4).

2. Pelez la poire et coupez-la en morceaux. Faites chauffer la crème liquide avec la réglisse et la poire à feu doux. Laissez infuser 10 min hors du feu.

3. Mixez et passez la préparation au chinois*.

4. Fouettez les jaunes d'œuf avec le sucre semoule, versez-y la crème à la réglisse et mélangez doucement.

5. Répartissez la préparation dans des plats légèrement creux et enfournez. Faites cuire 50 à 55 min au bain-marie, gardez-les encore tremblotantes.

6. Une fois cuites, réservez-les dans le réfrigérateur 3 à 4 h.

7. Au moment de servir, parsemez les crèmes de sucre cassonade et faites-les caraméliser.

Entre nous

Pensez à bien concasser la réglisse au moment de la faire chauffer avec la crème.

J'aime bien laisser cuire quelques dés de poires dans la crème.

Sophie

Voici une petite variante de la traditionnelle crème brûlée à la vanille.

Christian

CARPACCIO DE BETTERAVES ANCIENNES, ŒUF DE FERME COULANT

35 min | 30 min

8 pièces de betterave ancienne « 4 variétés » de différentes couleurs
100 de pousses de betterave
1 pomme verte granny-smith
4 gros œufs fermiers
10 g d'échalote
½ botte de persil plat
10 g de cerneaux de noix

Vinaigrette à l'huile de noix

5 cl de vinaigre de vin
1 cuillerée à café de moutarde
Sel, poivre : pm*
5 cl d'huile de tournesol
10 cl d'huile de noix

1. Faites cuire les betteraves à la vapeur ou à l'autocuiseur en évitant de cuire les betteraves « rouges » avec les autres variétés, pour éviter de toutes les colorer.
2. Faites cuire les œufs : dans l'eau froide, départ rapide et, dès l'ébullition, ralentissez le feu à frémissement. Puis comptez 5 min afin qu'une fois cuit, le jaune coule légèrement sur les betteraves.
3. Coupez la pomme verte en julienne*.
4. Épluchez les betteraves cuites, laissez bien refroidir et coupez-les en rondelles très fines. Disposez sur une grande assiette en alternant les couleurs. Servez-vous d'une mandoline* à légumes.
5. Assaisonnez avec la vinaigrette à l'huile de noix, ajoutez les pousses de betterave et disposez au centre l'œuf de ferme que vous percez pour faire couler le jaune, et quelques cerneaux de noix. Finissez le décor avec la pomme verte et le persil concassé.

Entre nous

Il faut bien refroidir les œufs pour pouvoir les écaler facilement.

J'aime bien panacher betteraves crues et cuites.

Sophie

Je remplace l'œuf par une quenelle de chèvre frais relevé à la ciboulette.

Christian

SAUCISSE DE MORTEAU, POMMES DE TERRE TIÈDES AU MONT D'OR

30 min | 30 min

Mont d'Or de 200 g (dans sa boîte en bois)
2 saucisses de Morteau de 350 g chacune
400 g de pommes de terre Charlotte
Vin jaune du Jura
10 cl de lait entier
10 cl de crème liquide
Sel, poivre : pm*

1. Les saucisses : faites cuire les saucisses de Morteau à l'eau salée, 30 min environ à frémissement. Laissez refroidir dans l'eau de cuisson.

2. Les pommes de terre : faites cuire les pommes de terre avec la peau pendant 25 min à l'eau salée, puis enlevez la peau.

3. Le Mont d'Or : dans une casserole, faites chauffer le lait, la crème, ajouter le Mont d'Or à la cuillère, faites chauffer jusqu'à ébullition. En fin de cuisson, ajoutez le vin jaune.

4. Prévoyez 4 assiettes. Présentez les saucisses coupées en rondelles, les pommes de terre en biais, nappées de sauce Mont d'Or au vin jaune.

Entre nous

La Morteau est une saucisse très fumée qui donne un goût subtil à l'ensemble du plat. C'est un plat très riche mais un vrai plat d'hiver qui donne des avant-goûts de montagne.

Je prépare tous les ingrédients, épluche les pommes de terre et enlève la peau de la saucisse de Morteau. Je dispose le tout dans un plat à gratin, je nappe de la sauce et fais gratiner au moment de servir, accompagné d'une petite salade de mâche.

Sophie

J'aime bien préparer le Mont d'Or dans sa boîte, entourée d'un papier d'aluminium et arrosée de vin jaune.

Christian

Carpaccio de betteraves anciennes, œuf de ferme coulant

NAGE DE CLÉMENTINES CORSES AU VIN DE MIEL

15 min | 5 min

1 kg de clémentines
1/2 l de vin doux
100 g de miel
1 citron

1. Faites fondre le miel dans une casserole jusqu'à une certaine coloration. (Attention qu'il ne devienne pas caramel !)
2. Déglacez* avec le vin doux, laissez cuire à nouveau 2 min, puis ajoutez le jus du citron et le jus de 2 clémentines, et réduisez encore 2 min.
3. Laissez refroidir à température ambiante.
4. Épluchez bien les clémentines, enlevez bien toutes les petites peaux blanches. Séparez tous les quartiers.
5. Plongez les quartiers de clémentines dans la nage encore tiède et laissez macérer* au frais pendant une nuit.

Entre nous

Choisissez un vin blanc doux plutôt q'un Malaga ou un Porto.

J'ajoute une petite boule de sorbet citron pour apporter une acidité à cette nage parfumée de miel.

Sophie

Je choisis un miel d'acacia pas trop parfumé pour conserver le goût de la clémentine.

Christian

TARTARE DE SAINT-JACQUES ET PISTOU À LA CORIANDRE

16 noix de coquilles Saint-Jacques extrêmement fraîches (4 pièces/personne)
10 cl d'huile d'olive
1 citron jaune
1 botte de ciboulette
1 cuillerée à soupe d'olives noires hachées
Mâche ou autre salade d'hiver
2 g de sel
1 g de piment d'Espelette

Pistou à la coriandre
1 botte de coriandre fraîche
5 cl d'huile d'olive
le jus d'1 citron
5 g de pignons de pin
2 g de sel
1 g de piment d'Espelette

20 à 25 min

1. Faites décortiquer les Saint-Jacques par votre poissonnier.
2. Coupez les Saint-Jacques en cubes (d'environ ½ cm). Salez-les, ajoutez l'huile d'olive, les herbes, un peu de piment et laissez mariner 1 h.
3. Au dernier moment, juste avant de servir, ajouter le jus du citron et les olives noires hachées.
4. Présentez dans une petite verrine ou dans un cercle* à tarte de 8 cm de diamètre, dans une assiette.
5. Ajoutez un peu de pistou, quelques olives noires pour le décor et un petit bouquet de mâche ou d'une autre salade d'hiver.

Le pistou à la coriandre
mixez tous les ingrédients pour obtenir la consistance d'un coulis.

Entre nous
Pour les consommer crues, les Saint-Jacques doivent être très très fraîches.

Je passe légèrement au grill, 2 min, les assiettes de Saint-Jacques avant l'assaisonnement. Parfois, je panache avec du saumon cru coupé en escalopines.

Sophie

Sur les Saint-Jacques, comme sur tout autre poisson cru, le citron doit être mis au dernier moment.

Christian

FRICASSÉE DE VOLAILLE À LA CRÈME DE LENTILLES ET MORILLES

1 poulet de 1,2 kg coupé en 8 morceaux
500 g de lentilles
300 g de morilles poêlées avec 10 g de beurre
½ l de crème liquide
1 l de bouillon de volaille
2 oignons
1 carotte
3 gousses d'ail
Sel, poivre : pm*
1 bouquet garni
5 cl d'huile d'olive
20 g de beurre
100 g de lard fumé coupé en lardons

30 min | 1 h

1. Mettez les lentilles à tremper à l'eau tiède pendant 1 h, ainsi que les morilles.
2. Lavez et épluchez tous les légumes, ciselez* les oignons très fins et les carottes en brunoise*.
3. Faites blanchir* les lentilles 2 min à l'eau bouillante. Rafraîchissez-les bien puis égouttez-les.
4. Ensuite, faites fondre le beurre dans une casserole avec les lardons, la moitié de la brunoise de carottes et la moitié de l'oignon ciselé. Ajoutez les lentilles, le bouquet garni, puis mouillez avec la moitié du bouillon de volaille. Faites cuire pendant 20 à 25 min.
5. Faites colorer* les morceaux de poulet en commençant par le côté peau. Salez et poivrez. Ajoutez le reste des oignons ciselés et de la brunoise de carottes, les champignons et l'ail écrasé. Déglacez* avec le reste du bouillon de volaille. Laissez cuire 30 min jusqu'à réduction du bouillon. Puis recouvrez les morceaux de poulet de crème pour finir la cuisson, encore 10 min. Vérifiez la cuisson. (Selon la qualité de la volaille, la cuisson est plus ou moins longue.)
6. Égouttez les lentilles une fois cuites et ajoutez-les à la crème de la cuisson de la volaille. Ajoutez les morilles poêlées.

Entre nous

Vous pouvez utiliser n'importe quel champignon, comme les champignons de Paris.

J'aime bien servir les lentilles à part, avec la crème de volaille

Sophie

J'aime bien les morilles séchées qui parfument beaucoup mieux la crème de volaille.

Christian

Tartare de Saint-Jacques et pistou à la coriandre

MEURSAULT
APPELLATION MEURSAULT CONTROLÉE
"LES NARVAUX"
Christian SORINE
SANTENAY, COTE-D'OR, FRANCE

ŒUFS AU LAIT DE MON ENFANCE

15 min — 25/30 min

4 œufs entiers de plein air ou fermiers
75 g de sucre
50 cl de lait entier

1. Cassez les œufs entiers un à un.
2. Mélangez-les avec le sucre sans trop blanchir*. Ajoutez le lait entier chaud.
3. Passez au chinois*.
4. Versez dans 4 ramequins et faites cuire au bain-marie 30 min à 160°C, avec une légère coloration.

Entre nous

C'est une recette simple et rapide que l'on peut préparer à l'avance.

Je préfère déguster les œufs au lait tièdes, avec des petites madeleines.

Sophie

Avant cuisson, j'ajoute une confiture avec des morceaux de fruits au fond de chaque ramequin.

Christian

CAROTTES DES SABLES À LA CORIANDRE ET AU PARMESAN

30 min — 30 min

8 carottes des sables
2 oranges à jus
1 pamplemousse jaune
20 g de beurre
10 cl d'huile d'olive
10 grains de coriandre
1 botte de coriandre fraîche
50 g de parmesan
100 g de mâche
Sel, poivre : pm*

1. Lavez bien les carottes pour enlever le sable. Épluchez-les et taillez-les en rondelles régulières de même épaisseur, avec un couteau ou une mandoline*.

2. Faites-les cuire dans une casserole large avec le beurre. Faites suer une dizaine de minutes à feu doux, sans coloration. Ajoutez le sel, le poivre, la coriandre en grains légèrement écrasés. Ajoutez le jus d'orange et de pamplemousse. Portez à ébullition et faites cuire à couvert, doucement, jusqu'à évaporation complète du liquide. Attention à ne pas trop les cuire.

3. En fin de cuisson, débarrassez dans un autre récipient, ajoutez la coriandre fraîche hachée grossièrement ainsi que l'huile d'olive.

4. Au moment de servir, disposez les copeaux de parmesan.

Entre nous

Cette salade est souvent servie dans les restaurants marocains.
Souvenir de vacances à travers l'Atlas.

J'ajoute quelques bouquets de mâche pour servir en entrée.

Sophie

Je la sers à l'apéritif ou en garniture avec une viande froide ou un reste de poulet.

Christian

NOIX DE SAINT-JACQUES ET POTIRON AUX AGRUMES

50 min — 40 min

16 coquilles Saint-Jacques (4 pièces/personne)
1 kg de potiron cru pour la purée
20 g de pommes de terre
75 g de beurre
10 g de beurre
200 g de potiron cru coupé en dés
1/2 l de vinaigre de cidre
20 g de miel de châtaignier
1 baie de poivre long
Sel, poivre : pm*
1 g de noix de muscade
25 cl d'eau
20 g de suprêmes* d'agrume de votre choix (citron jaune ou vert)

1. Faites décortiquer les coquilles par votre poissonnier.
2. Épluchez le potiron.
3. La purée de potiron: faites fondre au beurre le potiron coupé en morceaux réguliers, à feu doux. Ajoutez de l'eau à hauteur, les pommes de terre coupées en morceaux, le sel, le poivre. Faites cuire jusqu'à évaporation. Égouttez. Passez au mixeur et réservez.
4. Le potiron acide au miel: faites caraméliser le miel avec une noisette de beurre. Déglacez* à l'eau et au vinaigre hors du feu. Ajoutez le sel, le poivre et la muscade. Mélangez bien. Portez à ébullition, faites réduire* légèrement, ajoutez les dés de potiron et, dès la reprise de l'ébullition, arrêtez la cuisson et laissez refroidir.
5. Mélangez délicatement les cubes de potiron au miel acidulé à la purée de potiron. Rectifiez l'assaisonnement. Tenez au chaud.
6. Chauffez bien la plancha, ou une poêle antiadhésive, et snacker les noix de Saint-Jacques 2 min de chaque côté, salez, poivrez.
7. Dressez le potiron sur une assiette à votre convenance, déposez quelques suprêmes* d'agrume et disposez délicatement les noix.
8. Décorez avec quelques feuilles de basilic rouge et une huile d'olive parfumée au basilic.

Entre nous

La douceur du potiron et du miel, avec l'acidité du citron, apportent un équilibre à ce plat.

J'ajoute, à l'aide d'une râpe, quelques zestes de citron vert.

Sophie

J'ajoute un peu de pamplemousse jaune.

Christian

POMMES GOLDEN ENTIÈRES CONFITES AU CARAMEL SALÉ

4 pommes golden (de taille moyenne)
100 g de sucre
5 g de fleur de sel
40 g de beurre salé
5 g de sucre glace
4 tranches de brioche

10 min — 25 min

1. Mettez le sucre dans une casserole haute avec 5 cl d'eau, et faites cuire à feu moyen jusqu'à obtention d'un caramel d'une belle couleur dorée. Stoppez la cuisson hors du feu avec 5 cl d'eau. Puis remuez à l'aide d'une spatule jusqu'à la reprise de l'ébullition.
2. Retirez à nouveau du feu, ajoutez la fleur de sel et réservez dans un bol.
3. Préchauffez le four à 180°C (th 6).
4. Pelez les pommes, égalisez les extrémités à l'aide d'un couteau et évidez le cœur à l'aide d'un vide-pomme.
5. Beurrez légèrement 4 ramequins et déposez chaque pomme dans un ramequin où elles seront maintenues serrées. Déposez ces ramequins dans un plat allant au four.
6. Ajoutez le beurre salé sur chaque pomme, puis nappez avec le caramel.
7. Mettez au four chaud pendant 20 à 25 min. (Les pommes doivent être très cuites.)
8. Pendant ce temps, détaillez les tranches de brioche en triangles de 5 cm x 7 cm. Saupoudrez de sucre glace et faites-les colorer* sous le gril du four.
9. Laissez légèrement refroidir les pommes et rangez les brioches sur un plat ou sur 4 assiettes. Déposez 1 pomme sur chacune et nappez avec le jus de cuisson.

Entre nous

Ce plat peut être fait la veille. Dans ce cas, laissez les pommes dans les moules et réchauffez avant de servir.

Je cuis les pommes au micro-ondes pendant 5 à 7 min.

Sophie

Encore un souvenir de grand-maman : à la place, elle utilisait des tranches de gros pain de campagne, poêlées et sucrées, dans l'esprit du pain perdu avec des œufs battus. C'était l'époque où je grimpais dans les pommiers dans l'immense jardin des mes grands-parents.

Christian

Noix de Saint-Jacques et potiron aux agrumes

BOUILLON D'ARTICHAUTS AUX COQUILLAGES ET CHIPIRONS

1 h — 30 min

12 palourdes
24 moules
20 cl jus des coquillages
100 g de chipirons
2 g de safran en poudre
12 artichauts poivrade
4 gousses d'ail
2 échalotes
2 oignons
1 brin de thym frais
1 feuille de laurier
1/2 botte de persil plat
2 carottes
30 cl de vin blanc sec
20 cl de fumet de poisson (pas trop fort)
10 cl d'huile d'olive
1 botte de coriandre fraîche
1 jus de citron
5 g de sel
2 g de poivre

1. Lavez et nettoyez les moules et les palourdes. Faites-les cuire séparément, avec 10 cl de vin blanc et une demi-échalote, à feu vif avec un couvercle, pendant 3/4 min. Égouttez puis conservez le jus des coquillages pour la suite de la recette.

2. Décortiquez, en conservant quelques moules et palourdes avec la coquille pour la décoration.

3. Nettoyez les chipirons : pour enlever la bouche et toute l'encre ainsi que le cartilage à l'intérieur, rincez bien à l'eau claire, égouttez puis émincez en morceaux réguliers.

4. Tournez les petits artichauts, coupez-les en 2 et conservez-les dans de l'eau citronnée. Épluchez l'ail, l'échalote et les carottes. Émincez-les très finement.

5. Dans un sautoir*, faites suer dans l'huile d'olive la carotte, l'ail, l'échalote, le thym et le laurier, ainsi que le persil et la coriandre concassés. Salez légèrement. Ajoutez les petits artichauts, la moitié du safran. Faites étuver sans coloration. Déglacez* avec le vin blanc, faites réduire* de moitié, mouillez à hauteur avec le fumet de poisson. Laissez mijoter jusqu'à ce que les artichauts soient cuits. Rectifiez l'assaisonnement et réservez.

6. Égouttez les artichauts, récupérez le jus de cuisson, ajoutez-le au jus des coquillages et faites réduire* de moitié. Émulsionnez avec 10 cl d'huile d'olive à l'aide d'un mixeur.

7. Dans une poêle très chaude, saisissez à l'huile d'olive les chipirons pendant 3-4 min. Assaisonnez et saupoudrez du reste du safran. Ne les faites pas trop cuire, ils deviendraient caoutchouteux.

8. Présentez dans des assiettes creuses. Au fond, placez les artichauts poivrade, au-dessus les chipirons bien grillés, les moules et les palourdes décortiquées. Finissez par les palourdes et les moules avec coquilles. Recouvrez de l'émulsion de jus d'artichaut, très chaude.

Technique pour tourner les artichauts

Éliminez les premières feuilles. Coupez la moitié des feuilles horizontalement. Puis coupez les artichauts en deux verticalement. Enlevez le foin à la petite cuillère, raccourcissez les queues. Conservez dans de l'eau citronnée avant la cuisson pour qu'ils ne noircissent pas.

Entre nous

Pensez à bien désabler les palourdes à l'eau froide salée.
Les chipirons peuvent être remplacés par des supions ou des encornets.

SALTIMBOCCA DE VEAU AU CHORIZO, BURRATINA ET TOMATES

500 g de noix de veau, 4 belles escalopes
12 fines tranches de chorizo doux
8 feuilles de basilic
Sel, poivre : pm*
2 petites burratina
10 cl d'huile d'olive
15 cl de jus de veau
5 cl de vinaigre de tomate
200 g de tomates cerises
100 g de miel
1 gousse d'ail
1 pincée de fleur de sel
Quelques graines de fenouil

25 min — 15 min

1. Dans une poêle, versez le miel, l'ail et les épices. Laissez légèrement caraméliser et ajoutez les tomates. Laissez cuire 3 à 4 min, puis finissez avec le vinaigre de tomate. (Attention à ne pas trop cuire les tomates.)

2. Coupez le veau en mini-escalopes. Aplatissez-les bien, ajoutez une tranche de chorizo, une tranche de burrata, une feuille de basilic, sel et poivre, un filet d'huile d'olive et finissez par une autre mini-escalope. Faites tenir avec une petite pique en bois. Vous pouvez également les rouler, selon votre choix.

3. Poêlez les saltimboccas à l'huile d'olive bien chaude, 3 min de chaque côté. Retirez-les et gardez-les au chaud. Déglacez* la poêle avec un peu de jus de veau et le reste du chorizo coupé en brunoise*. Versez le jus sur les saltimboccas. Servez avec les tomates confites.

Entre nous

Vous pouvez faire cette recette avec des escalopes de volaille.

Je préfère rouler les escalopes entières et les ficeler légèrement. Pour la cuisson, je les fais colorer* au beurre et je termine 5 min au four à 180°C (th 6).

Sophie

Je remplace la burratina par du chèvre frais de Touraine, un Sainte-Maure.

Christian

RIZ AU LAIT À LA VANILLE ET RAISINS DE CORINTHE

15 min — 30 min

100 g de riz rond
35 cl de lait entier
1 gousse de vanille
60 g de beurre
2 jaunes d'œuf
70 g de sucre
50 g de raisins de Corinthe

1. Faites tremper les raisins dans de l'eau tiède pour bien les faire gonfler.
2. Lavez le riz rond à l'eau froide, puis égouttez-le.
3. Faites chauffer le lait avec la gousse de vanille fendue en deux, les grains de vanille bien grattés avec une pointe de couteau. Une fois le lait chaud, ajoutez le riz et laissez cuire à feu doux en remuant très régulièrement pendant environ 30 min, afin que le lait s'évapore et que le riz soit cuit. Vérifiez la cuisson, il ne doit être ni trop croquant ni trop cuit en purée !
4. Blanchissez* les jaunes d'œuf et le sucre et ajoutez le tout au riz au dernier moment à l'aide d'une spatule. Mélangez afin de bien lier le riz. (Attention à ne pas faire bouillir pour ne pas cuire les jaunes.) Ajoutez les raisins préalablement égouttés. Finissez par les noisettes de beurre en remuant hors du feu.
5. Débarrassez dans un plat de présentation ou des ramequins individuels.
6. Servez à température ambiante ou froid le lendemain.

Entre nous

Selon la saison, vous pouvez remplacer les raisins par des fruits frais, coupés en morceaux, que vous ajouterez au dernier moment.

J'accompagne toujours le riz au lait de petites madeleines.

Sophie

Je mets les raisins à tremper dans du rhum.

Christian

BRUXELLOISE AUX PÉTONCLES FRAIS PARFUMÉE AU CURRY

20 min | 40 min

400 g de choux de Bruxelles
20 coquilles de pétoncles
1 échelote
1 cuillerée à café de curry Madras
70 g de beurre
20 cl de crème
1 branche d'aneth
5 cl de vin blanc sec
5 cl d'huile d'olive

1. Coupez la bases des choux, retirez les premières feuilles, lavez-les et égouttez.
2. Émincez-les finement.
3. Ouvrez les pétoncles pour prélever les noix. Débarrassez-les de leur barbe, nettoyez-les bien délicatement sous l'eau froide, égouttez, essuyez et conservez-les au frais.
4. Nettoyez également les barbes pour bien éliminer le sable.
5. Épluchez, ciselez l'échalote, faites suer sans coloration avec le beurre, le curry. Ajoutez les barbes bien égouttées et mouillez avec 5 cl de vin blanc sec, réduisez complètement et ajoutez 20 cl d'eau. Faites réduire* complètement, versez la crème liquide, faites frémir 5 min. Conservez.
6. Blanchissez les choux de Bruxelles à l'eau bouillante légèrement salée, 5 min. Égouttez et récupérez l'eau de cuisson. Rafraîchissez-les dans l'eau glacée et égouttez de nouveau.
7. Hachez 1/4 des choux. Remettez le reste des choux dans une casserole. Faites bouillir, ajoutez la crème de curry. Passez le tout au chinois* et mixez au blender avec 30 g de beurre. Vérifiez l'assaisonnement. Gardez au chaud.
8. Salez les noix de pétoncle et assaisonnez d'un peu de poudre de curry. Saisissez-les rapidement dans l'huile d'olive et le beurre. Ne les cuisez pas trop, elles deviendraient caoutchouteuses.
9. Réchauffez les choux de Bruxelles hachés dans le reste du beurre, salez et poivrez. Déposez-les dans 4 assiettes creuses, posez 5 pétoncles et versez la crème de choux parfumée au curry.
10. Parsemez d'un peu d'aneth haché et de quelques feuilles de choux de Bruxelles.

Entre nous

Vous pouvez demander à votre poissonnier de vous préparer les pétoncles ou les petites Saint-Jacques.

J'ajoute quelques petits lardons poêlés pour appoeter un peu de croquant.

Sophie

FRICASSÉE DE POULET FERMIER AU CIDRE

4 cuisses de poulet de Loué (ou un poulet entier)
4 pommes reinettes
1 carotte
2 oignons
3 gousses d'ail
1 branche de céleri
1 clou de girofle
5 cl de vinaigre blanc
30 g de sucre cassonade
1 bouquet garni (persil, romarin, laurier, sauge)
1 bouteille de cidre brut
2 cl d'huile d'olive
30 cl de crème fleurette
10 g de beurre
Sel, poivre : pm*

30 min — 1 h

1. Coupez les cuisses de poulet à la jointure. Salez et poivrez.
2. Préchauffez le four à 150°C (th 5).
3. Dans une cocotte en fonte allant au four, mettez à colorer* à feu moyen les cuisses avec l'huile d'olive et le beurre. Dorez-les bien de chaque côté, retirez de la cocotte l'excédent de gras.
4. Ajoutez les carottes, l'oignon, le céleri coupé en mirepoix*. Faites bien suer, déglacez avec le vinaigre blanc. Faites réduire*, ajoutez la moitié de la cassonade. Colorez légèrement avec le sucre et déglacez avec le cidre. Ajoutez l'ail écrasé, le bouquet garni et le clou de girofle.
5. Portez le tout à ébullition, puis couvrez. Mettez la cocotte au four à 200°C (th 6/7) pendant 1 h. Vérifiez la cuisson avec la pointe d'un couteau.
6. Enlevez les morceaux, passez tout le contenu de la cocotte à la passoire fine (chinois*). Portez le jus obtenu à ébullition, puis crémez en mélangeant au fouet. Vérifiez l'assaisonnement. (Mixez la sauce si vous désirez une meilleure onctuosité.)
7. Épluchez et videz les pommes, disposez-les dans un plat à rôtir. Donnez-leur une incision. Saupoudrez du reste de la cassonade et faites cuire 10 min au four à 200°C.
8. Dressez dans une assiette 2 morceaux de poulet, la pomme cuite avec une branche de romarin. Nappez la viande avec la sauce au cidre.

Entre nous

Si vous prenez un poulet entier, n'oubliez pas de retirer les ailes (suprêmes*) avant les cuisses, car elles demandent moitié moins de cuisson.

L'hiver, je prépare cette recette avec du coq, pour une table entre amis. En revanche, il faut prévoir une cuisson beaucoup plus longue, voire 1 heure de plus, mijotée doucement.

Sophie

Je préfère cette recette avec du vin jaune qui donne un goût incomparable, mélangé à la crème et aux morilles en saison.

Christian

COMPOTÉE DE PRUNEAUX AU THÉ, ORANGES ET CANNELLE

500 g de gros pruneaux avec noyau
50 cl de vin rouge corsé
1 sachet de thé fumé
15 cl de miel liquide
3 oranges
1 cuillerée à café rase de cannelle en poudre

20 min — 10 min

1. Faites bouillir le vin rouge avec le jus d'une orange et le miel, 10 min. Retirez du feu, ajoutez les pruneaux et le sachet de thé. N'ôtez pas les noyaux. Finissez par la moitié de la cannelle. Laissez refroidir avec un couvercle. Laissez macérer une journée. Éventuellement, faites cuire les pruneaux 10 min dans le jus si vous aimez les pruneaux bien compotés.
2. Pour les suprêmes* ou segments d'orange : pelez les oranges à vif avec une petite lame fine et souple pour bien les mettre à nu. Ensuite, passez la lame entre les quartiers pour dégager chaque suprême entre chaque membrane.
3. Mettez les suprêmes d'orange à égoutter pour récupérer le jus que vous rajouterez au jus des pruneaux.
4. Disposez les pruneaux froids dans une assiette creuse avec un peu de jus. Ajoutez les quartiers d'orange en rosace et servez avec un peu de cannelle sur les oranges.

Entre nous

Si vous préférez une compotée plus sucrée, n'hésitez pas à augmenter la quantité de miel, mais attention aux pruneaux qui vont sucrer le vin pendant la macération.

Je remplace le vin rouge par de l'eau pour infuser le thé avec le jus d'orange et le miel. J'ajoute ensuite les pruneaux.

Sophie

MENUS DE PRINTEMPS

CARPACCIO DE COURGETTES MARINÉES AU CITRON VERT ET BASILIC

4 courgettes
2 citrons verts
2 g de fleur de sel
1/2 botte de basilic
10 cl d'huile d'olive
20 g de pignons de pin
50 g de tomates séchées
poivre du moulin : pm*

15 min

1. Lavez les courgettes. Coupez les deux extrémités avec une mandoline* ou un couteau économe. Émincez-les finement dans le sens de la longueur.
2. Dans un cul de poule*, hachez le basilic, ajoutez l'huile d'olive, le jus de citron, le sel, le poivre. Mélangez délicatement avec les courgettes.
3. Laissez au frais 1 h avant de servir sur une assiette avec des pignons de pin grillés, les tomates séchées et une feuille de basilic en décoration.

Entre nous

Voici une entrée simple et peu coûteuse, à servir avec du parmesan ou de la feta.

Je la déguste avec du pain grillé et de la tapenade aux olives.

Sophie

Je préfère couper les courgettes en rondelles, pour les présenter en rosaces.

Christian

RAGOÛT D'ENCORNETS AUX POIVRONS ET CHORIZO

30 min — 30 min

1 kg d'encornets
150 g de poivrons
100 g de chorizo
100 g d'oignons
1/2 l de sauce tomate
1 piment rouge frais
10 cl d'huile d'olive
2 gouttes de Tabasco p.m.
20 cl de fumet de poisson
20 g d'olives noires

Sauce tomate

500 g de tomates bien mûres
1/2 oignon
1 gousse d'ail
5 feuilles de basilic
10 g de concentré de tomate
5 cl d'huile d'olive
sel, poivre : pm*

1. Nettoyez les encornets, videz-les bien. Enlevez toute la peau noire et égouttez-les bien. (Ou demander à votre poissonnier de le faire.)
2. Émincez les blancs d'encornet. Saisissez-les à l'huile d'olive et réservez.
3. Épluchez les poivrons avec un couteau économe, puis émincez-les, faites colorer* à l'huile d'olive avec les oignons, le chorizo et le piment rouge.
4. Ajoutez les encornets, le fumet de poisson, réduisez et ajoutez la sauce tomate. Mélangez bien le tout.
5. Faites cuire 20 à 30 min à couvert, le temps que les encornets soient fondants.
6. Rectifiez l'assaisonnement, ajoutez le Tabasco si vous aimez plus épicé, finissez avec les olives dénoyautées et émincées.

La sauce tomate

1. Mondez* les tomates, épépinez-les et concassez-les.
2. Faites fondre à l'huile d'olive l'oignon ciselé, l'ail écrasé, le concentré de tomate et le concassé de tomate, sel, poivre et basilic ciselé. Faites cuire 15 min et mixez pour faire la sauce.

Entre nous

Ce qu'il y a de délicat dans la cuisson des encornets, c'est la durée qui peut varier du simple au double. Il est donc recommandé de vérifier plusieurs fois la cuisson. Dès qu'il est cuit et tendre, stoppez la cuisson. Un excès de cuisson le rendra caoutchouteux.

J'accompagne ce plat d'un riz espagnol pour rappeler l'esprit de la paella… avec un peu de safran.

Sophie

Bien sûr, on peut utiliser de la seiche, moins coûteuse. Un vieux pêcheur de L'Herbaudière me conseillait de congeler la seiche avant de la cuisiner, ce qui lui garantit une chair tendre et moelleuse.

Christian

Ragoût d'encornets aux poivrons et chorizo

POIRES FONDANTES CARAMÉLISÉES AU MIEL D'ACACIA

4 poires williams
100 g de sucre
150 g de cassonade (100 + 50)
150 g de miel (100 + 50)
1 citron
1 gousse de vanille
50 g d'amandes hachées

30 min — 30 min

1. Faites le sirop avec 1 litre d'eau, 100 g de miel liquide, 100 g de sucre semoule, 100 g de sucre cassonade et 1 gousse de vanille fendue et grattée. Portez à ébullition et réduisez jusqu'à n'obtenir que 3/4 de liquide (sirop).
2. Pendant ce temps, épluchez les poires à l'aide d'un couteau économe en conservant la queue du fruit. Avec la pointe de l'économe, enlevez délicatement le cœur et les pépins de la poire. Surtout, citronnez-les bien à l'intérieur et à l'extérieur avec le citron coupé en deux, en pressant le jus et en caressant les poires.
3. Plongez-les dans le sirop. Il faut qu'elles soient recouvertes. Ajoutez un papier sulfurisé dessus, coupé au diamètre de votre casserole. Faites cuire à feu moyen avec une légère ébullition pendant 20 à 25 min selon la maturité du fruit. Piquez-les avec une pique en bois pour vérifier, elles doivent être fondantes. Laissez refroidir dans la cuisson. (Vous pouvez les faire cuire la veille.)
4. Allumez votre four à 180°C (th 6).
5. Égouttez les poires sur un plat allant au four, épongez bien avec un papier absorbant.
6. Roulez les poires dans 50 g de miel, puis dans 50 g de sucre cassonade. Répétez l'opération une deuxième fois, délicatement. Mettez au four pour caraméliser jusqu'à une première coloration, selon la puissance de votre four.
7. Sortez les poires du four et ajoutez le restant du miel et de la cassonade avec les amandes hachées. Finissez de caraméliser 10 min en forçant légèrement votre température de gril pour une meilleure caramélisation.
8. Pendant la caramélisation, pensez à faire réduire* le sirop de cuisson afin d'en conserver 1/4, environ une louche par poire.
9. Dressez dans 4 assiettes le sirop et la poire entière délicatement tiédie ou, si vous désirez, à température ambiante.

Entre nous

Une autre variété de poire peut convenir, mais une poire qui tienne à la cuisson comme la conférence. Avec des pêches, cette recette peut trouver son sens, mais des pistaches se marieraient mieux, à la place des amandes.

J'ajoute un peu d'acidité dans le sirop avec un filet de jus de citron vert et du zeste.

Sophie

SOUPE DE PETITS POIS ET ASPERGES AU LARD CROUSTILLANT

20 min — 10 min

1 botte d'asperges sauvages (petites)
6 grosses asperges vertes
200 g de petits pois frais écossés
20 g d'épinards frais
2 oignons nouveaux
1/2 branche de sarriette
1 gousse d'ail
½ fond blanc de volaille
30 g de beurre
5 cl d'huile d'olive
1/2 jus de citron
4 tranches fines de poitrine
Sel, poivre : pm*

1. Coupez les asperges sauvages à la moitié, conservez les pointes pour les blanchir* à l'eau salée et le reste pour la soupe.

2. Épluchez les grosses asperges, coupez-les en rondelles, ajoutez les tiges des asperges sauvages et faites suer avec les oignons nouveaux émincés à l'huile d'olive. Ajoutez les petits pois (conservez-en quelques-uns pour la déco), la gousse d'ail. Assaisonnez, mouillez juste à hauteur avec le fond de volaille et faites cuire à feu vif 10 min. En fin de cuisson, ajoutez les épinards, puis mixez le tout. Rectifiez la consistance, ajoutez le beurre, le jus d'un 1/2 citron et laissez infuser la sarriette fraîche 5 min.

3. Faites colorer* les 4 tranches fines de lard au four 10 min, pour les rendre croustillantes.

4. Dressez la soupe froide dans des assiettes creuses avec quelques feuilles de sarriette pour la décoration, les pointes d'asperges sauvages et 1 tranche de lard croustillant et quelques petits pois crus.

Entre nous

Vous pouvez également servir cette entrée avec 1 œuf poché et quelques croutons poêlés à l'huile d'olive.

J'aime tellement les petis pois que je les cuisine toute l'année. Il en existe de très bonnes qualités en surgelé. C'est certainement le légume qui supporte le mieux la congélation.

Sophie

Je mélange, en pleine saison, les petits pois et les fèves crues que je mixe dans un blender avec une tomate cœur de bœuf. J'assaisonne de fleur de sel et de piment d'Espelette puis j'émulsionne avec une bonne huile d'olive, et je le sers comme un gaspacho glacé.

Christian

FRICASSÉE D'ÉPAULE ET RIS D'AGNEAU AUX JEUNES LÉGUMES

1 épaule d'agneau d'1 kg
300 g de ris d'agneau
1 oignon
1 carotte
2 gousses d'ail
1 bouquet garni :
1 vert de poireau, 1 feuille de laurier, 1 brindille de thym, 1 tige de persil, ficelés pour faire un bouquet
4 carottes fanes
4 mini-navets
4 oignons nouveaux
petits pois crus et fèves crues épluchés
5 cl de vin blanc
25 cl de fond de veau
5 cl d'huile d'olive
20 g de beurre

30 min — 40/50 min

1. Allumez le four à 150°C (th 5).
2. Demandez à votre boucher de désosser l'épaule. Coupez-la en petits morceaux (3 cm/3 cm) et colorez-les* bien (dans un sautoir* ou une cocotte) dans l'huile d'olive, pendant 15 min, en retournant la viande régulièrement. Assaisonnez (sel, poivre). Enlevez le gras de cuisson. Ajoutez une brunoise* de carottes, oignons, l'ail écrasé, le bouquet garni. Laissez cuire 30 à 40 min au four à 170-180°C (th 6), à couvert.
3. Pendant la cuisson, préparez les jeunes légumes nouveaux (avec les fanes), carottes, navets, oignons, et faites-les cuire à la vapeur séparément, environ 5 min.
4. Blanchissez* les ris d'agneau, 5 min, égouttez-les bien, puis faites-les colorer au beurre, à la poêle, pendant 10 min. Il faut qu'ils soient bien croustillants.
5. Sortez l'épaule du four.
6. Déglacez* le sautoir avec un peu de vin blanc. Faites réduire le fond de veau puis faites réduire à nouveau. Ajoutez le ris d'agneau croustillant, les légumes blanchis, les petits pois et les fèves crus. Faites chauffer 2 à 3 min et rectifiez l'assaisonnement.
7. Servez en cocotte.

Entre nous

Vérifiez bien la cuisson de votre épaule d'agneau lorsque vous la sortez du four ; en effet, selon l'âge de l'agneau, la cuisson peut être un peu plus longue, il suffit de goûter.

Je prépare cette recette uniquement avec des petits oignons nouveaux et des petits pois que je laisse compoter* avec l'épaule pendant la cuisson au four… sans couvercle !

Sophie

J'ajoute à la cuisson des petites grenailles avec la peau, en même temps que les morceaux d'agneau.

Christian

Soupe de petits pois et asperges au lard croustillant

CRÉMEUX AU CHOCOLAT PUR CARAÏBE

20 min — 10 min

325 g de chocolat 66% de cacao (Valhrona a un cru Caraïbe exceptionnel)
150 g de crème fleurette 35% MG
60 g de jaune d'œuf
200 g de blanc d'œuf
50 g de sucre semoule
10 cercles* de 7,5 de diamètre

1. Portez à ébullition la crème fleurette et réalisez une ganache* avec le chocolat fondu au bain-marie. Attention à ne pas trop chauffer (50°).

2. Parallèlement, montez au bec d'oiseau* les blancs d'œuf mélangés au sucre.

3. Vérifiez que le premier mélange (ganache*) n'est pas trop chaud (environ 30-40°C) et qu'il est parfaitement émulsionné (lisse).

4. Ajoutez 1/4 des blancs montés, puis mélangez et terminez en ajoutant le restant (en 2 étages).

5. Dressez dans des coupelles ou des verrines transparentes. Ajoutez, si vous le désirez, quelques copeaux de chocolat blanc.

Entre nous

Un dessert pour les amateurs de « pur » chocolat.

J'ajoute dans les verrines une confiture d'orange très peu sucrée.

Sophie

Je dresse, comme sur la photo, dans un cercle* de 7 cm de diamètre, sur un fond de biscuit légèrement imbibé, avec un coulis de fraises ou une crème anglaise.

Christian

TARTARE D'ASPERGES ET CREVETTES À L'AVOCAT

40 min — 5 min

Crème d'avocat
1 avocat
10 cl de crème
1 jus de citron
2 gouttes de Tabasco
sel, poivre : pm*

Tartare d'asperges
24 crevettes roses de taille moyenne
20 petites asperges vertes
20 g de câpres
Quelques feuilles de basilic
1 œuf
2 cl de vinaigre de Xérès
2 cl de vinaigre balsamique
5 cl d'huile d'olive
1 goutte de Tabasco
Sel : pm*

Salade de mesclun
50 g de tomates
Quelques tomates cerises
Huile d'olive
100 g de mesclun

1. La crème d'avocat : épluchez l'avocat et mixez-le avec la crème liquide, le citron. Finissez par l'assaisonnement. La crème doit être lisse et ferme. Réservez au frais
2. Le tartare d'asperges vertes et crevettes : épluchez les asperges avec un couteau économe et faites-les cuire à l'eau bouillante salée 3 à 5 min. Gardez-les un peu fermes. Refroidissez-les dans l'eau glacée et égouttez-les.
3. Faites cuire l'œuf dur 10 min.
4. Coupez les asperges en petits dés comme un tartare. Écrasez l'œuf dur et passez-le au tamis, avec les câpres hachées et le basilic ciselé. Assaisonnez de vinaigre de Xérès, sel, Tabasco et huile d'olive. Liez le tout avec une cuillerée de crème d'avocat.
5. Décortiquez les crevettes et coupez-les en deux dans le sens de la longueur. Assaisonnez de vinaigre balsamique et d'huile d'olive.
6. Dans les assiettes, placez un fond de tartare d'asperges avec un emporte-pièce* de 8 cm de diamètre, disposez dessus une rosace de crevettes. Déposez au centre le concassé de tomate avec le basilic ciselé. Disposez autour la crème d'avocat et accompagnez du mesclun parfumé avec de l'huile d'olive.

Entre nous

Vous pouvez mélanger asperges vertes et blanches pour le tartare. Vous pouvez également frire à l'huile d'olive quelques feuilles de basilic pour la décoration.

J'ajoute des petits pois crus avec le tartare d'asperges.

Sophie

Je mélange de l'avocat citronné que je coupe comme les asperges.

Christian

ÉMINCÉ DE BŒUF, POLENTA AUX GIROLLES, JUS AU SOJA ET ROQUETTE

25 min — 15 min

500 g de bœuf
30 cl de fond blanc
55 g de polenta
40 g de girolles
5 cl de crème fleurette liquide

Jus au soja

10 cl de vinaigre balsamique
5 cl de sauce soja
10 cl d'huile d'olive

Salade

150 g de roquette sauvage
20 g de tomates séchées
3 cl de vinaigre de citron
5 cl d'huile
10 g de beurre
1 cuillerée à café de graines de sésame grillées

1. Colorez* à feu très vif et très rapidement (2 min) avec 2 cl d'huile presque fumante et 5 g de beurre dans un sautoir*. Faites cuire selon votre goût, et laissez reposer.

2. La polenta : faites chauffer le fond blanc, ajoutez en pluie la polenta et cuisez 5 min à petit feu. Ajoutez les girolles préalablement poêlées au beurre et crémez pour rendre la préparation plus onctueuse.

3. La sauce soja : faites réduire* dans une casserole le vinaigre balsamique et la sauce soja afin d'obtenir une consistance sirupeuse. Hors du feu, à l'aide d'un petit fouet, montez avec l'huile d'olive.

4. Dressez la polenta dans le fond des assiettes creuses. Disposez sur chacune d'elles de fines tranches d'émincé de bœuf, et versez le jus de soja. Parsemez de dés de tomates confites.

5. Assaisonnez la roquette avec le vinaigre de citron et l'huile d'olive. Déposez un petit peu de salade et parsemez de graines de sésame préalablement grillées 3 min au four chaud.

Entre nous

Surtout, faites cuire le bœuf à feu vif au dernier moment, alors que la polenta peut être préparée à l'avance.

Je prépare la polenta la veille et la conserve dans un plat à gratin ; je la passe au four en rajoutant sur le dessus une légère couche de crème, environ 15 à 20 min. J'utilise de l'onglet de bœuf que j'émince au moment de servir à mes enfants.

Sophie

J'aime bien, hors saison, ajouter des champignons à la polenta, des cèpes secs que je fais infuser dans le fond blanc de volaille avant de les ajouter à la polenta.

Christian

Tartare d'asperges et crevettes à l'avocat

MANGUE CARAMÉLISÉE ET CAKE SAUCE PASSION

1 mangue de 400 g
100 g de crème fleurette fouettée
250 g de mascarpone (fromage de vache italien de la région du Piémont-Lombardie, la crème fraîche de la cuisine italienne, utilisée dans la recette du célèbre tiramisu)
200 g de cake
20 cl de jus de fruit de la passion
25 g de beurre
100 g de sucre

30 min + 2 h au froid **6/8 min**

1. Épluchez et taillez la mangue en petits cubes. Faites-les saisir à la poêle pendant 3 min avec le beurre, à feu vif. Ajoutez la moitié du sucre, laissez légèrement caraméliser, débarassez dans un plat pour bien refroidir.
2. Mélangez le mascarpone dans un cul-de-poule* (saladier) avec le reste du sucre et la crème fouettée.
3. Émiettez le cake, ou coupez-le en petits dés, et répartissez-en la moitié dans le fond de 4 verres ou coupelles assez larges. Versez la moitié du jus de passion sur le cake, déposez la moitié de la crème au mascarpone et la moitié des mangues caramélisées. Recommencez l'opération une fois.
4. Mettez au frais 2 h avant de déguster.

Cake
1 zeste de citron ou d'orange
150 g de beurre
2 œufs
80 g de sucre
180 g de farine
1 sachet de levure chimique

Le cake **25 min** **40 min : 10 min à four fort (230°C/th 7-8)**
30 min à four doux (180°C/th 6)

1. Faites fondre le beurre, ajoutez-y le sucre , remuez .
2. Ajoutez les œufs un par un au mélange beurre sucre en remuant bien.
3. Ajoutez la farine (mélangée à la levure) et le zeste haché. La pâte va devenir assez épaisse, c'est normal.
4. Mettez dans un petit moule à cake préalablement beurré.

Entre nous

Attention à ne pas choisir une mangue trop mûre ! Pour le cake, si vous utilisez un moule de format traditionnel pour 6 personnes, adaptez les quantités.

Je préfère les zestes de citron dans la préparation de mon cake.

Sophie

Je remplace souvent le cake par un quatre-quarts, servi à part. J'ajoute aussi quelques amandes grillées sur chaque verrre, avant de servir.

Christian

TARTE À LA TOMATE AU JAMBON DE VENDÉE ET CHÈVRE FRAIS

20 min **15 min**

200 g de pâte feuilletée
8 tomates moyennes, bien fermes
2 tranches de jambon de Vendée
2 crottins de chèvre frais fermier
5 cl d'huile d'olive
2 g de leur de sel
Poivre du moulin : pm*
20 grains de poivre rose
1/2 botte de basilic frais
10 olives noires hachées
1 œuf (pour la dorure)

1. Préchauffez le four à 180°C (th 6) four ventilé.
2. Étalez la pâte feuilletée très fine (2 à 3 mm d'épaisseur).
3. Découpez 4 fonds de tarte de 12 à 15 cm de diamètre et posez-les sur une plaque. Piquez à l'aide d'une fourchette les disques de pâte. À l'aide d'un pinceau, passez la dorure (jaune d'œuf et eau) et mettez à cuire 10 à 12 min. Retirez les disques du four, coupez les crottins en rondelles. Sur le feuilletage, ajoutez les rondelles de tomates avec un filet d'huile d'olive, fleur de sel et poivre du moulin. Remettez au four 5 min.
Ensuite, déposez le basilic ciselé sur les 4 tartes, les olives hachées. Finissez par des petits morceaux de jambon. Servez avec une salade de votre choix.

Entre nous

Plus la pâte sera fine et croustillante, meilleure sera la tarte.

Je remplace les tomates fraîches par des tomates confites à l'huile d'olive et préalablement cuites.

Sophie

Je préfère déposer un concassé de tomates au basilic sur le chèvre frais, pour un peu plus de moelleux.

Christian

POITRINE DE COCHON CONFITE À L'ORANGE ÉPICÉE ET CHUTNEY

35 min — 3 h

800 g de poitrine épaisse avec couenne
8 carottes nouvelles fanes
2 oranges et 8 cl de jus d'orange
1/2 citron
12 cl de miel
4 g de mélange d'épices : cumin, gingembre, citronnelle
40 g de carottes
40 g d'oignons
20 g d'ail (4 gousses écrasées)
4 dl de fond de veau
1,5 g de sel
0,8 g de poivre
6 cl d'huile d'olive
1 brin de thym frais
5 g de beurre
2 grains de coriandre

Chutney

200 g de pommes reinettes
200 g d'oranges
50 g de raisins secs
100 g de cassonade
5 g de graines de moutarde
5 g de gingembre frais
1 jus de citron
3 gros oignons
1 gousse d'ail
10 cl de vinaigre
5 cl de vin blanc
2 cl d'huile d'olive
sel, poivre, épices : pm*

1. Faites colorer* la poitrine entière dans une cocotte avec de l'huile d'olive. Colorez doucement afin d'éviter de faire brûler. Ajoutez la garniture oignons, carottes, ail. Colorez à nouveau, puis ajoutez le miel, le jus d'orange. Réduisez et finissez par le fond de veau, les épices, le sel et le thym.
2. Faites cuire le tout au four à couvert pendant 3 h à 90/100°C (th 4/5) en pensant à ajouter un verre d'eau sur la poitrine.
3. Pendant la cuisson, lavez et épluchez les carottes fanes en conservant 2 cm de fanes (voir photo). Faites-les cuire dans un sautoir* avec une cuillerée de miel, le jus d'une orange, 5 g de beurre, 2 grains de coriandre. Écrasez du sel et mettez un peu d'eau pour recouvrir les carottes. Laissez refroidir dans le récipient de cuisson jusqu'au lendemain.
4. Faites également les suprêmes* d'orange : pelez à vif les oranges à l'aide d'un couteau souple à lame fine pour enlever la peau. Ensuite, passez cette lame entre chaque membrane qui sépare les quartiers d'orange. Conservez dans une petite passoire pour récupérer le jus qui servira à cuire les carottes ou à rectifier la sauce après cuisson.
5. Coupez la poitrine froide en rillons réguliers (des morceaux d'environ 8/10 cm de long et 3/4 cm de large). Snackez-les, colorez-les dans une poêle avec du beurre ou, l'idéal, sur une plancha. Rectifiez la sauce et l'épaisseur en assaisonnant.
6. Servez, sur un chutney à l'orange, les morceaux de poitrine avec les carottes, le jus de cuisson et les suprêmes* d'orange.

Le chutney pomme-raisin-orange — 50/60 min

1. Faites fondre les oignons ciselés avec l'huile d'olive, l'ail écrasé, le gingembre frais en brunoise*, les graines de moutarde, sel et poivre, les cubes de pomme, le vinaigre, le vin blanc, le jus de citron et les raisins secs.
2. Faites cuire le tout pendant 40/50 min à feu doux, afin de bien compoter* l'ensemble. En fin de cuisson, ajoutez les suprêmes* d'orange et faites cuire encore 10 min, jusqu'à évaporation complète.
3. Laissez refroidir.

Entre nous

Vous pouvez cuire la poitrine plusieurs jours à l'avance et la snacker au dernier moment.

J'utilise des petits jarrets avant de cochon pour ce plat.

Christian

Poitrine de cochon confite à l'orange épicée et chutney

PANNA COTTA VANILLE AUX FRUITS ROUGES

15 min + 2/3 h — 5 min

75 cl de crème fleurette
100 g de sucre semoule
3 feuilles de gélatine (6 g)
1 gousse de vanille
180 g de fruits rouges
(fraises, framboises, mûres...)

Coulis
100 g de fruits rouges
de votre choix
20 g de sucre
1/2 jus de citron

1. Faites tremper la gélatine dans de l'eau froide.
2. Faites chauffer la crème avec le sucre et la gousse de vanille fendue en deux et grattée pour bien récupérer les grains. Laissez infuser 5 min.
3. Ajoutez la gélatine bien essorée. Mélangez pour la dissoudre, filtrez avec un chinois* et versez dans des verres ou des ramequins. Remplissez aux 3/4. Laissez prendre au froid 3 h.
4. Le coulis : mixez les fruits, le sucre et le 1/2 citron. Surtout filtrez bien au chinois* à gros trous.
5. Déposez quelques gouttes du coulis sur la panna cotta. Finissez la présentation avec le mélange de fruits rouges coupés en petits morceaux. Déposez une feuille de menthe.

Entre nous

Bien sûr, tout autre fruit peut être utilisé dans cette recette, et on peut choisir un autre parfum que la vanille.

À défaut de fruits frais, je parfume la crème avec du café ou du chocolat et j'ajoute une cuillerée de chantilly avant de servir.

Sophie

J'ajoute des fruits au fond de chaque verre, avant la panna cotta.

Christian

SALADE DE PETITS LÉGUMES ET SALERS PANÉ

200 g de Salers
25 g de noisettes
10 feuilles de sauge
20 g de chapelure
2 œufs
10 cl de lait
10 g de farine
200 g de petits pois frais écossés
200 g de fèves fraîches écossées
10 radis roses
100 g de jeunes pousses de salade de votre choix
2,5 cl d'huile de friture

Vinaigrette

5 cl de vinaigre balsamique blanc
10 cl d'huile de noisette
sel, poivre : pm*
Mélangez le tout avec un petit fouet.

30 min — 15 min

1. Faites blanchir* séparément, à l'eau bouillante et salée, les petits pois frais pendant 3 min, et les fèves 2 min. Égouttez-les aussitôt et mettez-les dans de l'eau glacée pour conserver leur couleur. Pour les fèves, retirez la peau qui les entoure (à l'aide de votre ongle, en pressant légèrement avec deux doigts de l'autre main).

2. Lavez et équeutez les radis. Coupez-les très finement en rondelles ou à la mandoline*.

3. Coupez le fromage de Salers en morceaux réguliers de la grosseur d'un œuf de caille.

4. Battez les œufs à la fourchette avec le lait.

5. Mixez ou écrasez finement les noisettes (il existe aussi de la poudre de noisettes toute préparée) avec la chapelure et la moitié des feuilles de sauge. Placez le tout dans une assiette.

6. Faites chauffer l'huile dans une sauteuse, puis faites-y dorer le Salers afin d'obtenir une belle coloration, à une température d'environ 160°/170°C. Attention à ne pas faire trop chauffer l'huile !

7. Passez les morceaux de fromage dans la farine, puis dans le mélange œuf-lait. Finissez dans la parure chapelure-noisettes, et plongez aussitôt dans l'huile chaude à l'aide d'une écumoire. Procédez à l'opération plusieurs fois pour éviter que les morceaux collent entre eux.

8. Mélangez les radis, les petits pois, les fèves et les salades à la vinaigrette et répartissez dans votre assiette. Déposez-y les morceaux de Salers chauds.

Entre nous

On appelle « panure » le fait de fariner un aliment, de le passer à l'œuf, puis dans la chapelure. Vous pouvez utiliser un autre fromage à pâte pressée.

J'adore cette recette avec de la sauge fraîche, qui apporte un goût légèrement camphré et qui est pleine d'Oméga-3, et surtout encore des petits pois pour l'accompagnement.

Sophie

J'aime bien servir à l'apéritif de morceaux de fromages panés, épicés au piment d'Espelette.

Christian

ONGLET DE VEAU ET COMPOTÉE D'AUBERGINE À LA TAPENADE

25 min | 40 min

4 onglets de veau bien clair (demandez à votre boucher environ 600 g)
1 kg de grosses aubergines
3 oignons nouveaux
1 gousse d'ail
2 filets d'anchois
50 g d'olives noires confites
20 cl de jus de veau
20 g de tapenade
20 g de tomates confites à l'huile
10 cl d'huile d'olive
30 g de beurre
10 cl de vin blanc
Sel, poivre : pm*

1. Préchauffez le four à 200°C (th 6/7).

2. Lavez bien les aubergines, coupez-les en deux dans le sens de la longueur. Faites de légères incisions côté chair. Disposez-les sur une plaque, côté peau. Arrosez d'huile d'olive et de sel.

3. Faites cuire à four très chaud, 220°C (th 7), 20 à 25 min. Une fois cuites, à l'aide d'une cuillère, récupérez toute la pulpe des aubergines.

4. Épluchez les oignons et l'ail. Ciselez-les* très fins et faites fondre avec de l'huile d'olive. Ajoutez la pulpe d'aubergine légèrement concassée, sel et poivre. Faites cuire doucement environ 30 min.

5. Finissez la cuisson par l'anchois, les olives, la tomate confite, le tout légèrement haché. Conservez 1 cuillerée de chaque. Gardez au chaud.

6. Faites cuire les onglets dans une poêle, pendant une dizaine de minutes, avec un peu d'huile et du beurre. Saisissez-les bien, salez et poivrez. Arrosez bien avec la matière grasse pendant la cuisson. Retournez régulièrement.

7. Retirez les onglets, conservez au chaud, retirez la matière grasse et déglacez* avec de l'eau et le vin blanc pour récupérer les sucs de cuisson. Finissez par une cuillerée de tapenade et une de tomates confites. Mélangez bien et montez au beurre avec un fouet.

8. Dressez une quenelle d'aubergine sur chaque assiette, l'onglet à côté. Finissez par le jus de tapenade et quelques morceaux de tomate confite.

Entre nous

L'onglet est considéré comme un abat, mais l'onglet de veau est une viande très goûteuse.

Avant de servir, j'ajoute des morceaux de citron confit et quelques petites câpres sur la viande.

Sophie

La hampe ou la bavette de bœuf sont également un régal avec l'aubergine confite.

Christian

Onglet de veau et compotée d'aubergine à la tapenade

cuisiniers de France

MOUSSE D'AMANDE VANILLE ET FRUITS ROUGES

⏱ 40 min — 5 min

300 g de pâte d'amande Valrhona à 60/70% d'amande
70 cl de lait entier
12 g (7 feuilles) de gélatine
600 cl de crème fleurette
60 g de sucre glace
1 gousse de vanille
100 g de fruits rouges (fraises, framboises)

1. Mettez les feuilles de gélatine à tremper dans l'eau froide.

2. Faites bouillir le lait avec la vanille fendue et grattée dans une casserole avec la pâte d'amande en petits morceaux. Mélangez bien, ajoutez les feuilles de gélatine bien pressées. Portez à ébullition.

3. Laissez refroidir dans un cul-de-poule, sur un autre récipient rempli de glaçons.

4. Pendant ce temps, battez la crème fleurette sans trop la monter. Ajoutez le sucre glace, fouettez à nouveau et mélangez avec le premier appareil* qui ne doit pas être complètement solidifié.

5. Mélangez délicatement à l'aide d'une spatule les deux appareils.

6. Dressez dans des cercles* ou dans des verrines, accompagnée des fruits rouges et d'un coulis de fruits rouges.

Entre nous

La mousse d'amande se marie bien également avec la poire.

Je la sers dans de beaux verres, mais j'ajoute des biscuits roses de Reims en morceaux, avec un peu de coulis de framboises.

Sophie

Je mets un fond de biscuits, ou de génoise, imbibé d'un sirop léger « eau et sucre ».

Christian

CROQUETTES IBÉRIQUES CHORIZO ET POMMES DE TERRE

30 min · 40 min + 15 min

800 g de pommes de terre charlotte
60 g de jambon ou chorizo
40 g de tomates confites
20 g de beurre doux

Panure
100 g de farine
2 œufs
200 g de chapelure blonde
50 cl d'huile d'arachide
5 cl d'huile d'olive
Sel, poivre : pm*

1. Lavez et faites cuire les pommes de terre Charlotte entières sur un lit de gros sel, au four à 200°C (th6-7), pendant 35 min. Épluchez-les, passez la pulpe au moulin à purée et gardez au chaud.
2. Taillez en fine brunoise* le jambon ou le chorizo. Rajoutez la pulpe des pommes de terre. Assaisonnez et mélangez bien l'ensemble avec le beurre.
3. Réalisez des sphères ou des croquettes dans les paumes des mains et mettez au congélateur 15 min.
4. Cassez les œufs à l'aide d'une fourchette, battez-les avec l'huile d'olive.
5. Commencez à paner les croquettes en les passant dans la farine, puis dans les œufs et la chapelure. Réservez au froid.
6. Placez les croquettes dans une friteuse à 180°, 3 à 4 min, et servez aussitôt.

Entre nous

Faites cuire les pommes de terre dans du papier aluminium sur du gros sel.

J'accompagne les croquettes d'une petite salade croquante.

Sophie

Souvenir de tapas à Barcelone, avec une tapenade de piments piquillos et une ratatouille froide.

Christian

CABILLAUD FAÇON BRANDADE AUX ASPERGES VERTES

600 g de cabillaud
200 g de ventre ou queue de cabillaud
1 botte d'asperges vertes (500 g environ)
8 grosses pommes de terre Ratte
1 feuille de laurier
1 pincée de fleur de thym
3 gousses d'ail
1/2 l de lait
40 g de beurre
50 cl de crème liquide
50 cl d'huile d'olive
50 g d'olives noires dénoyautées
100 g de gros sel marin
sel, poivre : pm*
2 g de poivre d'Espelette

30 min — 40 min

1. Portionnez 4 dos de cabillaud de 150 g chacun.
2. Mettez 200 g de ventre de cabillaud au gros sel, environ 2 h, et dessalez-le ensuite à l'eau claire.
3. Épluchez les pommes de terre ainsi que l'ail : enlevez le germe en coupant la gousse en deux.
4. Épluchez les asperges avec un économe, lavez-les bien. Coupez les pointes à environ 5 cm pour la présentation et coupez le reste en rondelles très fines pour les incorporer dans la brandade.
5. Faites cuire les rondelles d'asperges dans une poêle adhésive avec une noisette de beurre et 5 cl d'eau, en les gardant un peu croquantes mais cuites.
6. Faites bouillir le lait avec le sel, l'ail et le thym frais. Faites cuire les pommes de terre dans cette infusion à frémissement pendant 25 min. Retirez les pommes de terre, ajoutez à la place le ventre de cabillaud. Laissez-le pocher environ 15 min, et égouttez.
7. Écrasez à la fourchette, hors du feu, les pommes de terre avec le ventre du cabillaud. Ajoutez ensuite la crème liquide chaude en deux fois. Travaillez bien à la spatule sur feu doux. Ajoutez la moitié de l'huile d'olive, le persil plat concassé. Finissez avec le reste de l'huile d'olive et les rondelles d'asperges poêlées précédemment. Conservez la brandade au chaud.
8. Faites colorer* les 4 dos de cabillaud à l'huile d'olive côté peau. Ajoutez 20 g de beurre. En fin de cuisson, ajoutez les pointes d'asperges, 2 min.
9. Confectionnez des quenelles de brandade sur chaque assiette. Ajoutez les asperges dessus et le pavé de cabillaud.
10. Finissez par une très bonne huile d'olive où vous aurez ajouté des olives noires hachées et du piment d'Espelette.

Entre nous

Le lieu ou le merlu conviennent aussi à cette recette.

Je fais gratiner la brandade au four avec un peu de chapelure.

Sophie

Cabillaud façon brandade aux asperges vertes

FRAÎCHEUR DE FRUITS ET MELON À LA VERVEINE

25 min — 5 min + 1 h d'attente

- 100 g de framboises
- 100 g de fraises
- 1/2 melon
- 100 g de cerises
- 4 petits abricots
- 1 grappe de groseilles
- 2 pêches
- 1 citron vert
- 1 sachet de verveine
- quelques feuilles de verveine fraîche
- 50 g de miel

1. Faites bouillir 25 cl d'eau avec le miel et mettez 1 sachet de verveine et quelques feuilles fraîches. Laissez infuser et filtrez.

2. Préparez les fruits : commencez par les pêches que vous mondez* pour enlever la peau, et coupez en 4 morceaux. Mettez-les à macérer dans le sirop refroidi. Lavez les abricots, coupez-les en 4 également et ajoutez au sirop avec les pêches. Ciselez 4 à 5 feuilles de verveine très finement. Lavez les fraises, égouttez-les bien, équeutez-les. Faites de même avec les cerises sans oublier de les dénoyauter. Coupez le melon en 4, enlevez les pépins et la peau et coupez-le en morceaux réguliers. Ajoutez aux fraises et cerises avec le zeste du citron râpé et le jus de citron (pour faire ressortir le goût des fruits). Conservez tous les fruits au frais au moins 1 h.

3. Mélanger tous les fruits délicatement. Servez dans des coupelles. Finissez par quelques framboises et une petite grappe de groseilles. Décorez avec quelques feuilles de verveine.

Entre nous

Surtout, lavez toujours les fraises avec la queue, ne les laissez pas dans l'eau.

Je sers la fraîcheur de fruits dans des demi-coques de melon. Au dernier moment, j'ajoute une boule de sorbet.

Sophie

Je remplace la verveine par de la menthe et un filet de vin de Lillet.

Christian

MIEL
de fleurs

CHAMPIGNONS ET ASPERGES CRUS À LA TAPENADE

16 têtes de champignons bien blancs, fermes et de belle grosseur
6 asperges vertes

Tapenade
250 g d'olives noires
1 gousse d'ail
20 g de filets d'anchois à l'huile
10 g de câpres au vinaigre
10 cl d'huile d'olive + 5 cl

Salade
1 botte de ciboulette
2 feuilles de céleri
1 tomate
1 jus de citron
Sel, poivre : pm*
5 cl d'huile d'olive

30 min

1. La tapenade : dénoyautez les olives, mettez-les dans un mixeur, ajoutez les anchois, la gousse d'ail, les câpres, l'huile d'olive, du poivre du moulin. Actionnez le mixeur jusqu'à obtenir une purée fluide et homogène. Débarassez et recouvrez d'un filet d'huile d'olive.

2. Épluchez les asperges vertes avec un couteau. Lavez bien les champignons et essuyez-les. Émincez-les régulièrement. Disposez-les en rosace régulière sur des assiettes. Placez au milieu une cuillerée de tapenade, arrosez d'un jus de citron fouetté avec de l'huile d'olive, sel et poivre du moulin (1 citron pour 5 cl d'huile d'olive).

3. Coupez les asperges très finement avec une mandoline* pour faire des copeaux. Déposez-les sur les assiettes et décorez avec des feuilles de céleri, de la ciboulette finement hachée et des dés de chair de tomate. Servez bien frais.

Entre nous

Pour garder les champignons bien blancs, n'hésitez pas à les arroser du jus de citron à l'huile d'olive, avec un pinceau.

J'utilise des petits cèpes en saison, qui sont excellents crus et bien frais.

Sophie

Une recette de champignons crus que j'adore. Dans le nord du Poitou, ma région natale, il y avait beaucoup de caves à champignons. Mélangés à de la ciboulette, à des pommes vertes et du fromage frais de chèvre, ils étaient une entrée coutumière des tables familiales.

Christian

MINUTE DE SAUMON AU FENOUIL CROQUANT

600 g de filet de saumon frais
3 bulbes de fenouil bien frais
1 botte de cerfeuil
10 cl d'huile d'olive
10 cl de vinaigre de vin blanc
5 cl d'huile de noisette

20 min + 1 h d'attente pour le fenouil

1. Lavez le fenouil, épluchez la première couche à l'aide d'un économe. Coupez-le en deux, enlevez le cœur trop dur et tranchez-le finement à la mandoline* .
2. Mélangez la moitié de l'huile d'olive avec le vinaigre et l'huile de noisette, sel et poivre.
3. Hachez le cerfeuil. Conservez quelques feuilles pour la déco.
4. Assaisonnez le fenouil avec tous ces éléments, 1 heure à l'avance.
5. Déposez le fenouil au centre d'une assiette.
6. Coupez le saumon frais en fines tranches (comme du saumon fumé) et recouvrez-en entièrement le fenouil. Assaisonnez de fleur de sel et de poivre du moulin. Badigeonnez d'un peu d'huile d'olive.
7. Placez sous le gril chaud du four pendant 30 à 40 secondes et servez aussitôt avec quelques pluches de cerfeuil.

Entre nous

Surtout choisissez un jeune fenouil bien frais et bien croquant.

J'ajoute un filet de citron vert avant de servir.

Sophie

Je fais également cette recette avec des pommes de terre primeur de Noirmoutier et du haddock.

Christian

SOUPE DE CHOCOLAT BLANC, PASSION, COCO AUX FRAMBOISES

125 g de chocolat blanc Valrhona
110 g de fruit de la passion (pulpe)
20 cl de lait de coco
1/2 gousse de vanille

Coulis de fruits rouges
200 g de fraises
20 g de sucre semoule
25 g de tige de citronnelle
100 g de framboises

20 min — 15 min

1. Portez à ébullition le lait de coco, la pulpe de fruit de la passion et la vanille grattée. Enlevez la gousse de vanille et réservez.

2. Ajoutez le chocolat haché hors du feu et lissez au fouet, puis mixez 3 min avec un mixeur plongeant. Réservez au frais.

3. Mixez les fraises, ajoutez le sucre et la citronnelle ciselée très finement. Faites réduire* de moitié à feu doux. Rafraîchissez et passez au chinois*. Ajoutez la moitié des framboises et mettez au frais.

4. Versez la soupe au chocolat froide dans des verres ou des coupelles évasés. Déposez au centre le reste des framboises.

5. Versez un trait de coulis fraises/citronnelle froid et décorez avec les gousses de vanille séchées au four et coupées en julienne*.

Entre nous

Vous pouvez utiliser n'importe quel fruit rouge pour cette recette.

J'accompagne cette soupe au chocolat d'une petite madeleine (voir la recette p. 48).

Sophie

J'ajoute des copeaux de chocolat amer !

Christian

JEAN-MARC
BROCARD
2011
CHABLIS

MENUS D'ÉTÉ

GASPACHO DE MELON ET D'AMANDES AUX PALOURDES

20 min · 5 min

1 kg de palourdes fraîches
2 melons du Haut-Poitou
5 dl de vinaigre de Xérès
200 g de poudre d'amandes
1/2 gousse d'ail
3,5 cl d'huile d'olive
1/2 l d'eau minérale
200 g de mie de pain
1 citron vert
Quelques feuilles de menthe poivrée
Sel, poivre : pm*

1. Lavez et laissez tremper les palourdes 1 h. Rincez-les bien et ouvrez-les à la vapeur 5 min.

2. Dans un mixeur blender, mettez la mie de pain (préalablement trempée, 5 min, dans un peu d'eau minérale), la poudre d'amandes, 1/4 de l'eau, le vinaigre. Mixez 2 min puis ajoutez l'ail haché, les morceaux de melon, ajoutez à nouveau de l'eau jusqu'à obtention de la bonne consistance. Ajoutez le sel et le poivre et finissez avec l'huile d'olive pour l'émulsion. Ne mixez pas trop longtemps car le gaspacho risque de trop blanchir*.

3. Conservez au froid. Rectifiez l'assaisonnement. Le gaspacho se sert glacé.

4. Décortiquez les palourdes bien égouttées. Disposez-les dans des assiettes creuses, ajoutez les billes de melon et râpez un peu de citron vert dans chacune. Puis versez le gaspacho autour des palourdes.

5. Décorez avec des feuilles de menthe poivrée ciselées.

Entre nous

Selon le marché, vous pouvez remplacer les palourdes par des moules ou des coques bien lavées (pour les débarrasser de leur sable).

Je coupe une petite julienne* de jambon sec avant de servir.

Sophie

FILET DE BAR POÊLÉ, LÉGUMES À LA FLEUR DE THYM ET CITRON

1 bar d'environ 2 kg (ou autre poisson de la Méditerranée)
2 fenouils
2 oignons rouges
4 tomates anciennes
12 artichauts poivrade
2 petite courgettes
1 botte de basilic
2 citrons
20 cl d'huile d'olive
4 filets d'anchois à l'huile d'olive
50 g de pignons de pin
Sel, poivre : pm*
2 g de piment d'Espelette

25 min — 15 min

1. Grattez le poisson et levez les filets. Enlevez bien les arêtes avec une pince et portionnez. (Ou demandez à votre poissonnier de le faire.)
2. Préparez les artichauts. Enlevez les premières feuilles et gardez environ 4 cm de queue. Tournez-les, coupez-les en 4 et conservez-les dans de l'eau citronnée.
3. Épluchez avec un couteau économe les jeunes fenouils, enlevez le cœur trop ferme, puis émincez-les finement.
4. Épluchez les oignons et coupez-les en rondelles.
5. Mondez* les tomates, coupez-les en 4 et enlevez les pépins pour ne conserver que les pétales.
6. Faites des tagliatelles de courgettes avec un couteau économe en conservant la peau.
7. Poêlez à l'huile d'olive les petits artichauts poivrade. Ajoutez les fenouils, le sel, le poivre et la fleur de thym. Au bout de 2 min, ajoutez les oignons. Surtout, gardez les légumes bien croquants. En fin de cuisson, ajoutez les courgettes et de petites feuilles de basilic. Rectifiez l'assaisonnement et râpez un peu de zeste de citron.
8. Faites la vinaigrette avec un jus de citron, 10 cl d'huile d'olive, les filets d'anchois hachés et le piment d'Espelette. Torréfiez les pignons de pin au four 5 min pour les colorer* légèrement, et ajoutez-les à la vinaigrette.
9. Poêlez les filets de poisson, du côté peau, à l'huile d'olive. Salez légèrement, colorez bien la peau et retournez les filets 2 min.
10. Dressez les légumes croquants au centre de l'assiette, déposez délicatement l'escalope de bar et, autour, la vinaigrette citron aux pignons, légèrement tiède.
11. Décorez avec quelques feuilles de basilic.

Entre nous

Le mélange de tous ces ingrédients apporte une grande fraîcheur et un goût d'été.

Je cuisine le bar en escalopes, cuites au four avec de l'huile d'olive 8/10 min à 180°C/th 6).

Christian

Filet de bar poêlé, légumes à la fleur de thym et citron

Laurent
Montagny 1er Cru
2011

CLAFOUTIS AUX PÊCHES ET FRUITS ROUGES

20 min — 25 min

100 g de sucre
100 g de poudre d'amandes
100 g de beurre pommade
5 œufs entiers
200 g de crème liquide
400 g de pêches
100 g de fruits rouges

1. Dans un saladier, faites blanchir* le beurre ramolli et le sucre. Ajoutez la poudre d'amandes et les œufs un à un. Mélangez bien pour que ça devienne très homogène. Finissez par la crème liquide.
2. Déposez ce mélange dans 4 plats à gratin individuels beurrés et sucrés. Posez dessus les pêches coupées en morceaux.
3. Faites cuire 20 à 25 min à 160°C (th 4).

Entre nous

Vous pouvez remplacer les pêches par n'importe quel fruit de saison.

Je me régale avec les prunes, en particulier les mirabelles.

Sophie

Je préfère mettre du lait entier à la place de la crème pour avoir un clafoutis plus léger en fin de repas.

Christian

SALADE FAÇON « NIÇOISE » COMME AU BISTROT

50 g de mesclun
2 tomates
1/5 de concombre
20 g de fèves crues
20 g de petits pois
1/5 de poivron vert
2 petits oignons frais (cebettes)
4 feuilles de basilic
1 pointe d'ail haché très finement
2 œufs durs
4 filets d'anchois
80 g de thon au naturel, en boîte
20 g de petites olives niçoises
10 g de petites câpres
40 g de haricots verts croquants
10 g de citron confit

Vinaigrette « sans moutarde ni mixeur »
2 cuillerées de vinaigre de vin
4 cuillerées d'huile d'olive
1 échalote ciselée
Sel, poivre : pm*

30 min

1. Servez dans des saladier en verre individuels, de 15 à 18 cm de diamètre.
2. Mettez, au fond, la salade, un peu de vinaigrette à l'échalote, à laquelle vous aurez rajouté un peu du jus du thon et le thon émietté pas trop sec.
3. Mettez ensuite le concombre, épluché une peau sur deux, et émincé, le poivron vert épluché et émincé, la pointe d'ail hachée très fin, les haricots verts légèrement blanchis* et émincés, l'oignon nouveau émincé très fin, la tomate en quartier, les fèves, le filet d'anchois entier, les câpres capucines entières, le basilic ciselé, le demi-œuf dur.
4. Finissez par 5 g de citron confit en rondelles fines et quelques olives niçoises.

Entre nous

Il y a plusieurs façons de préparer la niçoise, mais celle-ci... c'est la nôtre !

J'ajoute beaucoup de petits pois crus dans cette salade.

Sophie

Pour la « niçoise », je préfère un cœur de laitue croquant.

Christian

TARTARE D'ONGLET DE BŒUF AUX CHAMPIGNONS ET PIGNONS

- 500 g d'onglet de bœuf de race française
- 200 g de champignons de Paris coupés en dés
- 50 g de cornichons
- 50 g de grosses câpres
- 20 g d'échalotes
- 1/2 citron
- 1 cuillerée à soupe de Tabasco
- 2 cuillerées à soupe de sauce soja
- 2 cuillerées à soupe de sauce anglaise Worcestershire
- 20 cl d'huile d'olive
- 50 g de pignons de pin
- 4 jaunes d'œuf
- 5 g de moutarde de Dijon
- 5 g de moutarde de Meaux
- 100 g de fine roquette
- Herbes fraîches, persil plat, coriandre, ciboulette : 1/2 botte de chaque
- Sel, poivre : pm*

20/25 min

1. Coupez l'onglet de bœuf en dés, ajoutez le sel et le poivre, les herbes fraîches, 5 cl d'huile d'olive et les dés de champignons au citron. Mélangez bien et laissez mariner 10 min.

2. Hachez les cornichons et les câpres, ciselez* l'échalote très finement.

3. Dans un saladier, mettez les jaunes, les deux moutardes, le Tabasco, les sauces soja et anglaise. Mélangez bien au fouet, puis montez avec le reste de l'huile d'olive.

4. Mélangez tous les ingrédients et rectifiez l'assaisonnement.

5. Dressez sur les assiettes et finissez avec les pignons de pin grillés.

6. Servez avec une salade de roquette et des copeaux de parmesan ou une tuile au parmesan comme sur la photo..

Entre nous

Vous pouvez servir, en accompagnement, un cœur de laitue et de la grenaille de Noirmoutier à la peau. Je vous recommande d'assaisonner votre tartare 30 à 40 min avant de le déguster et de le conserver au frais..

À la place de l'échalote, j'ajoute dans mon tartare des oignons cuits et bien confits, pour une meilleure digestion.

Sophie

L'onglet de bœuf, comme le paleron, bien dénervés par votre boucher et coupés au couteau très finement, sont des morceaux d'un goût remarquable.

Christian

POÊLÉE DE CERISES ET FONTAINEBLEAU* DE BREBIS À L'AMARETTO

15 min — 5 min

250 g de faisselle de brebis
20 cl de crème liquide fleurette
700 g de cerises fraîches
15 g de beurre
20 g de sucre glace
30 g de cassonade
5 cl d'Amaretto (alcool de cerise aux amandes)
10 g d'amandes effilées et grillées au four chaud, avec un peu de sucre glace

1. Égouttez bien la faisselle de brebis. Fouettez la crème en chantilly, ajoutez-y 20 g de sucre glace, puis la faisselle égouttée. Conservez au frais

2. Dénoyautez les cerises et versez dans la poêle avec le beurre fondu. Faites cuire 5 min environ à feu moyen.

3. En fin de cuisson, ajoutez la cassonade pour caraméliser légèrement. Mettez la moitié des amandes et déglacez* avec l'Amaretto. Laissez évaporer et débarrassez du feu.

4. Répartissez les cerises et leur jus dans 4 beaux verres à pied. Ajoutez une grosse cuillère de mélange faisselle-chantilly. Décorez le dessus avec les amandes grillées.

Entre nous

À défaut de cerises fraîches, vous pouvez utiliser des griottes congelées qui vous poêlerez directement avec un peu de sucre, mais n'oubliez pas que nous sommes en pleine saison de la cerise.

Je préfère une faisselle de chèvre, plus doux que la brebis.

Sophie

J'égoutte la faisselle la veille, avec un peu de sucre.

Christian

Tatrtare d'onglet de bœuf aux champignons et pignons

BAIRDS
ORCESTERSHIRE
SAUCE
MADE IN U.S.A.
McILHENNY CO.
AVERY ISLAND
LA.
TABASCO
BRAND
PEPPER SAUCE
57 mL

TOMATES DE COULEUR ET MOZZARELLA BURATTA

5 pièces de tomates de variétés anciennes bien fermes : crimée, green zebra, jaune ananas, cœur de bœuf, jaune Saint-Vincent, kumato…
2 pièces de mozzarella Burrata
1 botte de ciboulette
I botte de persil plat
1 botte de basilic
1 botte de menthe
50 g de câpre
1 gousse d'ail
1 oignon blanc
1 échalote
5 cl de vingaigre de vin
20 cl d'huile d'olive
2 g de fleur de sel de Noirmoutier
2 g de piment d'Espelette

20 min

1. Mondez*, épluchez et coupez les tomates en tartare (dés de 1 cm).
2. Hachez les herbes fraîches, l'ail et les câpres et ciselez* l'échalote et l'oignon blanc.
3. Mélangez tous les ingrédients avec le vinaigre de vin et l'huile d'olive, la fleur de sel et le piment. Laissez mariner 30 min.
4. Égouttez bien le tartare de tomates, rectifiez l'assaisonnement, garnissez chaque assiette à l'aide d'un cercle*, remplissez bien l'intérieur en pressant légèrement.
5. Posez délicatement la mozzarella coupée en deux.
6. Enlevez le cercle, ajoutez un filet d'huile d'olive, une pincée de fleur de sel de Noirmoutier et quelques pluches d'herbes.
7. Servez bien frais.

Entre nous

La mozzarella Burrata est sûrement l'une des meilleures, extrêmement crémeuse.

J'aime bien laisser des gros morceaux de tomates, qui donnent plus de mâche à la dégustation

Sophie

Pour moi, le lait de la mozarella suffit à l'assaisonnement des tomates, avec un jus d'huile d'olive de qualité et de la fleur de sel.

Christian

MAGRET DE CANARD, CERISES DU VENTOUX ET CITRONNELLE

800 g de filet de canard gras « magret »
800 g de cerises fraîches
50 g de beurre
15 cl de miel
5 cl de vinaigre balsamique
5 cl d'Amaretto (liqueur)
20 cl de fond de canard ou lyophilisé
20 g d'amandes entières
5 g de poivre concassé
1 pincée de fleur de sel de Noirmoutier
2 tiges de citronnelle

15 min | 20 min

1. Lavez et dénoyautez les cerises.
2. Faites colorer* la moitié des cerises avec la moitié du beurre et du miel. Déglacez* avec le vinaigre balsamique et l'Amaretto. Faites réduire* et finissez par le fond de canard et la citronnelle. Rectifiez l'assaisonnement et faites cuire 5 min. Filtrez la sauce et conservez au chaud.
3. Faites des brochettes avec les cerises et le cœur des tiges de la citronnelle. Faites-les cuire doucement dans le reste de beurre et de miel. Ajoutez les amandes émincées.
4. Parez les magrets et faites des incisions avec la pointe d'un couteau, côté peau.
5. Faites dorer le canard côté peau, salez et poivrez, puis côté chair selon la cuisson désirée, 10 min environ pour une viande rosée à cœur.
6. Émincez le magret, disposez quelques cerises autour. Déposez une brochette de cerises en décor et nappez avec la sauce.

Entre nous

L'important dans le magret (filet de canard gras), c'est de le cuire doucement sur sa graisse, à feu doux, pour qu'elle devienne croustillante et bien fondue.

J'aime bien poêler une escalope de foie gras avec le magret et les cerises. C'est un souvenir de chez ma grand-mère dans le Sud-Ouest.

Sophie

J'ajoute quelques pommes de terre primeur à la peau, cuites dans la graisse des magrets.

Christian

Magret de canard, cerises du Ventoux et citronnelle

PÊCHES POCHÉES AU CASSIS ET MENTHE FRAÎCHE

20 min — 20 min

4 pêches blanches (de belle grosseur)
75 cl d'eau
250 g de sucre
180 g de pulpe de cassis
8 branches de menthe fraîche

1. Mondez* les pêches : faites une petite croix sur la peau de chaque pêche à l'aide d'une pointe de couteau d'office. Plongez-les ensuite, 20 secondes, dans de l'eau bouillante puis, aussitôt, dans de l'eau glacée. Puis retirez délicatement la peau de chaque pêche.

2. Portez l'eau, le sucre et la pulpe de cassis à ébullition avec les pêches ; incorporez la menthe fraîche. Laissez frémir l'infusion jusqu'au pochage complet des pêches (15 à 20 min).

3. Gardez au frais en retirant la menthe.

4. Servez dans une assiette creuse. Disposez la pêche au centre et nappez de sirop au cassis. Décorez de quelques feuilles de menthe.

Entre nous

Vous pouvez ajouter quelques grains de cassis en décoration.
Le coulis de cassis surgelé est d'excellente qualité.

J'accompagne ce dessert d'une glace à la menthe. J'ouvre la pêche en deux, j'enlève le noyau et j'ajoute une petite boule de glace dans chaque demi-pêche.

Sophie

J'ajoute des mini-financiers avec quelques grains de cassis.

Christian

SALADE FRAÎCHEUR DE SOPHIE AU FOIE GRAS ET CERISES

20 min — 15 min

200 g de roquette sauvage
2 pièces de sucrine
300 g de carottes nouvelles
200 g d'asperges vertes
200 g d'asperges blanches
300 g de petites courgettes
100 g de cerises
100 g de tomates cerises
250 g de foie gras
Sel, poivre : pm*
5 cl de vinaigre de vin vieux
20 cl d'huile d'olive
300 g de cerises
Herbes fraîches, basilic, coriandre, persil, ciboulette : 1 cuillerée à café de chaque
5 cl d'huile d'amande

1. Lavez et épluchez les différents légumes et coupez-les en copeaux à l'aide d'une mandoline*.

2. Mettez chaque légume à confire pendant 10 min dans une sauteuse, avec quelques gouttes d'huile d'olive, du sel et du poivre et un peu d'herbes hachées. Gardez les légumes croquants.

3. Dénoyautez les cerises et coupez-les en 2. Faites de même pour les tomates cerises.

4. Coupez le foie gras en petits dés de la grosseur d'une cerise.

5. Faites un mélange de roquette et de sucrine avec un peu de vinaigre de vin et d'huile d'olive, ajoutez les tomates cerises, les herbes, le sel et le poivre.

6. Disposez la salade sur chaque assiette et déposez harmonieusement les copeaux de légumes croquants.

7. Poêlez les morceaux de foie gras, assaisonnez. En fin de cuisson, retirez la graisse.

8. Ajoutez les cerises dans la poêle chaude sans recuire, mélangez bien puis disposez sur chaque assiette.

9. Finissez par un filet d'huile d'amande.

Entre nous

Les légumes peuvent être conservés complètement crus.

Quand je n'ai pas de foie gras cru à poêler, j'ajoute à la salade du foie gras cuit en terrine en petits copeaux.

Sophie

PARMENTIER DE JOUES DE VEAU AUX PETITS POIS FRAIS

500 g de joues de veau hachées
1 botte d'oignons nouveaux
2 gousses d'ail
5 cl d'huile d'olive
40 g de beurre
25 cl de jus de veau
Sel, poivre : pm*
500 g de pommes de terre Bintje
400 g de petits pois frais
15 cl de crème fleurette
50 g de beurre
Quelques noisettes concassées

30 min — 2 h

1. Faites votre jus avec des parures et des os de veau ou utilisez du jus de veau déshydraté.

2. Pendant ce temps, épuchez les pommes de terre et mettez à cuire 20 min dans l'eau salée. D'autre part, faites cuire les petits pois 15 min également à l'eau salée. Rafraîchissez-les à l'eau glacée pour garder la couleur, et mixez avec un peu d'eau de cuisson.

3. Pelez les oignons et l'ail. Émincez-les et faites-les colorer* à l'huile d'olive et avec 10 g de beurre. Ajoutez le veau haché, laissez colorer* 10 min et mouillez avec le jus de veau, faites cuire à nouveau 15 min jusqu'à évaporation.

4. Écrasez les pommes de terre avec la crème chaude, 20 g de beurre et finissez avec la purée de petits pois.

5. Préchauffez le four à 180°C (th 5-6). Beurrez le plat, mettez la moitié de la purée, la viande et terminez par le reste de la purée, quelques noisettes concassées et des petits morceaux du beurre restant (20 g).

6. Mettez à gratiner 20 min.

7. Servez avec un petit jus de veau et quelques noisettes concassées et grillées.

Entre nous

La légèreté de ce Parmentier est un régal pour l'été avec quelques pousses de jeunes salades.

Les petits pois sont un de mes légumes préférés, vous l'avez remarqué !

Sophie

Je préfère cuire les joues de veau comme un pot-au-feu et je les coupe ensuite en petits morceaux de 1/2 cm.

Christian

NAGE DE MELON AU VIN DE LILLET ET FRAMBOISE

- 2 melons mûrs et parfumés
- 30 cl de vin de Lillet
- 100 g de framboises
- 100 g de fraises
- 4 grappes de groseilles
- 20 g de sucre
- 1/2 botte de menthe
- 10 cl de miel

20 min + 2 h d'attente

1. Ouvrez les melons en deux en découpant le pourtour en dents de scie. Éliminez les pépins, puis évidez-les à l'aide d'une cuillère à pomme parisienne en prélevant de petites boules.

2. Réservez les boules de melon dans un saladier avec le sucre, le Lillet et le miel. Laissez mariner 2 h avec quelques feuilles de menthe ciselées. Faites chauffer légèrement le miel pour qu'il se mélange mieux au Lillet et au sucre.

3. Lavez et égouttez les fruits rouges, coupez les fraises.

4. Dressez les boules de melon macérées dans les coques et disposez dessus les fruits rouges. Décorez avec les feuilles de menthe (ou de verveine fraîche).

Entre nous

Choisissez vos melons bien mûrs et parfumés.

Je prépare la nage la veille, la macération du melon exhibe ainsi tous ses atouts frais et sucrés.

Sophie

J'ajoute, au dernier moment, un filet de jus de citron vert pour bien faire ressortir le goût des fruits.

Christian

Parmentier de joues de veau aux petits pois frais

La Grande Ourse
2010 - PASCAL CHALON

TOMATES VERTES ET FILETS DE SARDINES À L'AIGRE-DOUX

1 h — 5 min

4 tomates vertes
1 tomate jaune
1 tomate rouge
16 filets de sardine fraîche
10 cl de vinaigre balsamique
1 botte de ciboulette
2 échalotes
10 cl d'huile d'olive
Sel, poivre : pm*
12 grains de poivre rose
20 g de pignons de pin
10 g de sucre glace
20 g de miel

1. Levez les filets de sardine (ou demandez à votre poissonnier de le faire), lavez-les bien et égouttez-les. Salez légèrement et badigeonnez d'huile d'olive à l'aide d'un pinceau. Conservez-les au froid.
2. Faites chauffer légèrement le miel. Ajoutez le vinaigre balsamique, portez à ébullition et mettez de côté. Ajoutez dans cette préparation les échalotes coupées en rondelles très fines, 5 cl d'huile d'olive, quelques baies roses écrasées et du sel. Laissez refroidir.
3. Mettez la moitié de cette marinade sur les filets de sardine pour les faire confire pendant 1 h.
4. Coupez les tomates vertes en demi-lune et assaisonnez-les également avec de la marinade et la ciboulette ciselée.
5. Mettez les quartiers de tomates dans 4 assiettes creuses, disposez 4 filets de sardine égouttés, disposez sur le dessus des petits dés de tomate jaune et rouge, un peu de ciboulette, de la fleur de sel, quelques baies roses. Finissez avec les pignons de pin torréfiés.

Astuce : pour torréfiez les pignons, passez-les au four 3 min, avec le sucre glace.

Entre nous

Faites bien attention qu'il n'y ait plus d'arêtes aux sardines.

Je préfère cette recette avec des filets de lisettes (petits maquereaux).

Sophie

Je ne laisse mariner les filets de sardines que 10 min pour conserver le poisson cru, avec un filet de citron vert.

Christian

FOIE GRAS DE CANARD POÊLÉ ET COMPOTÉE DE MIRABELLES

20 min · 15 min

300 g de foie gras
5 cl de bon vinaigre de vin
1 kg de mirabelles (les premières mirabelles de Lorraine, un régal !)
10 cl de miel d'acacia
30 g de beurre
5 cl d'eau de vie de mirabelle
1 pincée de noix de muscade
1 g de cannelle
2 clous de girofle
Sel, poivre : pm*

1. Coupez le foie gras bien froid en 8 tranches égales. Saisissez-les bien dans la poêle, pendant 3 min de chaque côté. Réservez sur du papier absorbant. Déglacez la poêle avec l'eau de vie et le vinaigre de vin.

2. Faites revenir les mirabelles dénoyautées et coupées en deux dans le beurre et le miel d'acacia. Lorsqu'elles sont bien dorées, ajoutez les épices et laissez compoter* 10 min à feu très doux. En fin de cuisson, ajoutez le vinaigre de vin pour déglacer*.

3. Dressez sur le fond d'une assiette, ajoutez le foie gras poêlé et versez le jus de cuisson après avoir vérifié l'assaisonnement.

Entre nous

Avant de poêler le foie, faites de petites incisions en quadrillage, pour une meilleure cuisson. Surtout, saisissez-le bien dans une poêle antiadhésive très chaude, sans matière grasse.

J'adore le foie gras poêlé chaud. J'en déguste à n'importe quelle saison. Souvent, je le cuisine nature, sans fruits et sans alcool. Juste avec un tour de moulin à poivre et de la fleur de sel.

Sophie

L'hiver, j'aime bien le pocher dans le bouillon du pot-au-feu de canard, un bouillon très corsé et aromatisé avec un bâton de citronnelle.

Christian

Tomates vertes et filets de sardines à l'aigre-doux

DE GRÉZETTE
BLANC
2011

CRUMBLE FRAISE-RHUBARBE À LA NOIX DE COCO

750 g de rhubarbe
250 g de fraises
1 orange
10 g de racine de gingembre
80 g de sucre en poudre

Pâte à crumble
100 g de farine
60 g de noix de coco râpée
100 g de sucre en poudre
120 g de beurre pommade

20 min + 30 min d'attente | **30 min**

1. Préchauffez le four à 210°C (th 7).
2. Épluchez la rhubarbe à l'aide d'un couteau économe. Coupez-la ensuite en tronçons de 2 cm. Ajoutez la moitié du sucre et laissez dégorger* 30 min. Faites cuire au four 5 min afin de conserver les morceaux.
3. Lavez l'orange, râpez le zeste et pressez le jus.
4. Pelez et râpez le gingembre. Blanchissez-le* 2 min à l'eau claire. Égouttez-le et passez-le 2 autres min dans le jus d'orange.
5. Lavez, équeutez et coupez les fraises en deux.
6. Faites la pâte à crumble : mélangez la farine, la noix de coco et le sucre. Ajoutez le beurre pommade en plusieurs fois. Malaxez bien afin d'obtenir une pâte granuleuse, avec la pointe des doigts.
7. Beurrez le moule, étalez dans le fond la rhubarbe cuite. Ajoutez les fraises, le jus d'orange et le gingembre. Éparpillez la pâte à crumble dessus, sans niveler, et enfournez.
8. Laissez cuire 15 min jusqu'à ce que le crumble soit d'une belle couleur ambrée.

Entre nous

Le crumble se sert aussi bien tiède que froid. Le mariage de l'acidité de la rhubarbe et de la douceur des fraises est une merveille.

Je le sers dans un grand plat à gratin que je pose au milieu de la table pour toute la famille. Je le prépare la veille et le conserve au réfrigérateur. Il ne reste plus qu'à le colorer* 10 min, à four chaud.

Sophie

Je fais souvent des crumbles salés en remplaçant les ingrédients sucrés par du parmesan en poudre, voire de la poudre de noisettes.

Christian

ŒUFS À LA CRÈME DE MORILLES ET MOUILLETTES D'ASPERGES

40 min — 20 min

4 gros œufs extra frais
100 g de morilles
1 échalote
10 g de beurre
2 bottes d'asperges vertes (4/pers = 16 pièces)
50 cl de crème fleurette
+ 5 cl de porto blanc
Sel, poivre : pm*
10 cl de vinaigre blanc

Panure pour les mouillettes d'asperges
50 g de farine
2 œufs
100 g de chapelure

1. Épluchez les asperges avec un couteau économe et faites-les cuire à l'eau salée. gardez-les assez fermes, puis rafraîchissez-les bien à l'eau glacée et égouttez.
2. Lavez les morilles fraîches.
3. Épluchez et ciselez* l'échalote. Faites-la fondre au beurre, ajoutez les morilles, le porto, sel et poivre. Puis mouillez à la crème. Laissez cuire 10 min. Ajoutez un couvercle, laissez infuser. Mixez et rectifiez l'assaisonnement.
4. Mettez de l'eau à chauffer avec du vinaigre. Dès qu'elle est en ébullition, baissez le feu jusqu'à frémissement. Ajoutez les 4 gros œufs pour les pocher 3 min. L'eau doit toujours frémir. Retirez délicatement les œufs un à un. Bloquez la cuisson à l'eau froide salée.
6. Les mouillettes : passez les asperges dans la farine, puis dans l'œuf battu, sel et poivre. Finissez par la chapelure. Poêlez les asperges au beurre pour les colorer* à feu doux.
7. Mettez l'œuf dans une assiette, nappez de crème aux morilles bien chaude et disposez les 4 mouillettes d'asperge par personne.

Entre nous

N'oubliez pas de conserver quelques petites morilles pour la décoration.

Je préfère servir la crème de morilles à part, en saucières individuelles, afin que chacun trempe ses asperges comme dans une vinaigrette.

Sophie

J'aime bien utiliser quelques morilles sèches qui parfument beaucoup plus la crème.

Christian

SEICHES À LA TOMATE ET AUX PETITS POIS FRAIS

1 h — 45 min

1,5 kg de petites seiches (tendres)
1 kg de tomates (pelées, mondées, épépinées et concassées)
6 feuilles de basilic
4/5 oignons (500 g)
4 gousses d'ail nouveau
1 kg de petits pois écossés (net)
10 cl d'huile d'olive
20 g de beurre
2 g de piment d'Espelette
1/2 botte de persil haché
Sel, poivre : pm*

1. Séparez les têtes des seiches, les ailerons et les tentacules. Retirez la poche d'encre dans le corps, otez l'os situé à l'intérieur, enlevez les entrailles et rincez à l'eau claire. Égouttez bien et séchez avec du papier absorbant.
2. Découpez les chairs en lanières épaisses de la largeur d'un gros doigt. Racourcissez les tentacules, éliminez l'œil et le cartilage de la mâchoire.
3. Pelez et ciselez les oignons, hachez l'ail. Écossez les petits pois, mondez* les tomates, épépinez-les, coupez-les en morceaux. Faites fondre l'huile d'olive, la moitié des oignons, l'ail, les tomates, sel et poivre. Laissez compoter* 15 min et ajoutez le basilic haché. Réservez.
4. Poêlez les seiches à feu vif dans l'huile d'olive fumante. Salez légèrement. Au bout de quelques minutes, ajoutez le reste des oignons. Faites cuire 5 à 15 min selon la tendreté de la seiche juste le temps d'éliminer l'humidité en remuant continuellement.
5. Faites blanchir* les petits pois à l'eau salée. Rafraîchissez et égouttez. Conservez.
6. Dans une cocotte, mélangez les seiches, les tomates, le piment d'Espelette, les petits pois, le beurre afin de velouter les petits pois. Finissez de cuire 5 min en remuant à feu doux. Rectifiez l'assaisonnement.
7. Parsemez de persil plat haché et de basilic. Servez dans des assiettes creuses avec un filet de très bonne huile d'olive.

Entre nous

Vous pouvez demander à votre poissonnier de préparer les seiches.

J'ajoute les petits pois au dernier moment pour les conserver croquants.

Sophie

J'ajoute quelques macaronis précuits.

Christian

TARTE AUX MIRABELLES ET PISTACHES

200 g de pâte sablée
300 g de mirabelles
20 g d'amandes effilées
40 g de pistaches concassées
30 g de pistaches mixées en poudre (bien torréfier* et mixer)
10 g de poudre d'amande
5 cl de liqueur de mirabelle ou alcool
2 œufs
30 g de beurre pommade
30 g de sucre semoule
10 g de sucre glace

Pâte sablée
(pour une tarte pour 8 pers)
225 g de farine
150 g de beurre
100 g de sucre glace
1 œuf
25 g de poudre d'amande
1 g de vanille en poudre
1 pincée de sel

20 min + 1 h de repos **35/40 min**

1. Coupez les mirabelles en deux. Gardez les noyaux.
2. Préchauffez le four à 175°C (th 6).
3. La pâte sablée : mélangez rapidement le beurre, le sucre glace, le sel, la poudre d'amande, la vanille en poudre (1cuillerée à café rase) et 2 gouttes d'arôme d'amande. Ajoutez 1 œuf + 1 jaune et, par fraction, la farine. Pétrissez doucement l'ensemble en vous assurant que le mélange est bien homogène. Dès que la pâte n'est plus collante, formez une boule aplatie. Laissez reposer dans un papier film, 1 h au frais (réfrigérateur).
4. Foncez* votre tarte : étalez la pâte avec un rouleau à pâtisserie et foncez-la dans un cercle* ou dans un moule à tarte. faites-la cuire à blanc avec les noyaux de mirabelles. (Déposez au préalable un papier sulfurisé entre la pâte et les noyaux.) Faites cuire environ 15 min au four, à 180°C (th 6).
5. Blanchissez le beurre pommade et le sucre semoule. Ensuite, ajoutez les 2 œufs entiers, incorporez bien, puis ajoutez les poudres d'amande et de pistache. Finissez par l'alcool de mirabelle. Lissez bien.
6. Sortez la tarte du four. Retirez le papier sulfurisé et les noyaux.
7. Versez la crème d'amande et pistache sur la pâte précuite. Étalez régulièrement sur toute la surface. Disposez les fruits par-dessus (perpendiculairement). Déposez les pistaches concassées et les amandes effilées, puis le sucre glace.
8. Faites cuire environ 35/40 min à 170°C (th 5/6).
9. Laissez refroidir et démoulez la tarte.
10. Servez nature et à température, la tarte ne supporte pas le froid !

Entre nous

Si vous avez la possibilité, il est préférable de faire la pâte la veille.
En revanche, sortez-la du froid 1 h avant de l'étaler, pour foncer* la tarte.

J'utilise d'autres fruits comme la pêche, la nectarine ou la poire qui se marient bien avec l'amande et la pistache.

Sophie

Tarte aux mirabelles et pistaches

SOUPE GLACÉE DE MELON ET TOMATES À LA POITEVINE

15 min — 5 min

1 melon de 1 kg
4 tomates (300 g)
5 cuillerées à soupe d'huile de noix
5 feuilles de basilic
1 citron
Sel, poivre du moulin : pm*

1. Enlevez la peau et les pépins du melon. Coupez 1/4 de la chair en brunoise*, le reste en gros morceaux.

2. Mondez*, épépinez les tomates, coupez la moitié en petits dés (brunoise*), le reste concassé.

3. Poêlez à l'huile de noix, à feu vif, les morceaux de melon, faites bien revenir, ajoutez les tomates, salez, poivrez à votre convenance. Ajoutez les feuilles de basilic ciselées. Passez le tout au mixeur ou au blender avec 15 à 20 cl d'eau minérale selon la consistance. Finissez par le jus de citron. Rectifiez l'assaisonnement.

4. Ajoutez des petits dés (brunoise*) de tomates et melon dans la soupe et mettez le tout à rafraîchir 1 à 2 h.

6. Servez cette soupe glacée en ajoutant au dernier moment un filet d'huile de noix et un tour de moulin à poivre.

Entre nous

Attention à ne pas trop cuire le melon et les tomates afin de garder le côté gaspacho (cru). Et, surtout, ne mixez pas trop longtemps, car la soupe risque de blanchir*.

Je choisis des tomates cœur de bœuf, bien en chair et très goûteuses.

Sophie

J'ajoute des petits morceaux de jambon sec de pays, coupés en julienne* très fine.

Christian

PAVÉ DE THON ET CHUTNEY CERISES-POIVRONS

3 h + 30 min — 30 min

700 g de filets de thon germon (la plus belle des variétés, non protégée) dans la longe, à tailler en 4 pavés
1 citron
2 gousses d'ail
1/2 racine de gingembre
1 cuillerée à café de poivre de Sichuan
1 pincée de sel
60 cl d'huile d'olive
10 cl de vinaigre balsamique

Chutney

500 g de cerises noires
1 poivron rouge
1 gros oignon
1 gousse d'ail
10 cl de vinaigre blanc
10 g de sucre roux
10 g de beurre doux
Sel, poivre : pm*

1. La marinade : Pelez le citron à vif et coupez-le en rondelles. Pelez et émincez l'ail très finement, rapez le gingembre, concassez le poivre. Versez le tout dans l'huile d'olive tiède dans un plat creux, avec le sel. Ajoutez les pavés de thon et laissez mariner pendant 3 h au frais.

2. Le chutney : lavez, équeutez et dénoyautez les cerises. Épluchez et épépinez le poivron. Pelez et émincez l'oignon. Faites chauffer dans une casserole le vinaigre, le sucre, l'oignon, le poivron. Finissez par les cerises. Laissez cuire à feu moyen pendant 30 à 40 min jusqu'à une évaporation maximum. Vérifiez l'assaisonnement.

3. Poêlez 12 cerises entières, mais dénoyautées, avec un peu de beurre pendant 5 min, puis déglacez* avec le vinaigre balsamique pour obtenir un jus.

4. Poêlez les 4 pavés de thon, bien saisis 3 min de chaque côté.

5. Servez accompagnés d'une cuillerée de chutney, de quelques cerises entières et quelques gouttes de jus au balsamique.

Entre nous

Pensez à servir le thon rosé. Trop cuit, il a tendance à devenir un peu sec.

J'ai une préférence pour le thon cru en tartare ou en carpaccio, mais la fraîcheur doit être irréprochable.

Sophie

Cette recette convient également parfaitement au saumon.

Christian

AUMONIÈRE AU BRUCCIU, FIGUES ET FRAISES

6 feuilles de brick
400 g de brucciu (fromage corse)
2 œufs entiers
10 cl de miel corse, si possible du miel de châtaignier
80 g de sucre
5 cl de rhum brun
20 g de beurre fondu
100 g de figues lavées et coupées en 4
100 g de fraises lavées et coupées en 4

Sauce figues/fraises
100 g de figues
100 g de fraises
1 citron vert (jus et zeste)
10 g de miel corse

30 min | 20 min

1. Mélangez le brucciu, les œufs, le miel, le sucre et le rhum. (Vous pouvez faire le mélange au batteur sans trop le travailler.)
2. Étalez une feuille de brick, beurrez-la à l'aide d'un pinceau, ajoutez une 1/2 feuille pour doubler le fond de l'aumônière.
3. Étalez du brucciu, coupez 1 figue et 1 fraise sur le dessus et refermez en forme d'aumônière. Attachez avec de la ficelle de cuisine ou avec des petites piques en bois.
4. Préchauffez le four à 180°C (th 6) ventilé et faites cuire 10 à 20 min en plaçant l'aumônière en bas du four. N'oubliez pas de beurrer le dessus des feuilles de brick avec le pinceau.
5. La sauce figues/fraises : lavez et épluchez les fraises et les figues violettes. Faites chauffer le miel et jetez-y les figues. Faites cuire 2 min, ajoutez le jus du citron. Retirez du feu, ajoutez le zeste préalablement blanchi et débarrassez. Cette sauce peut être servie à température, autour de l'aumônière, en laissant les morceaux, ou à part en saucière.

Entre nous

Bien sûr, vous pouvez utiliser un autre fromage frais, moins onéreux, comme de la vache.

Je préfère mixer les fraises et les figues et les passer au chinois* pour faire un coulis en accompagnement des aumônières.

Sophie

Je fais cette recette avec des clémentines corses et de la confiture, en période d'automne.

Christian

BALSAMICO DI MODENA
Indicazione Geografica Protetta

MENUS DE FÊTES

Noël P. 180

Crème de cèpes aux châtaignes, bonbon de foie gras
Chapon aux marrons, légumes anciens et jus aux girolles
Bûche choco-framboise

Jour de l'an P. 184

Terrine de foie gras « minute » aux épices douces
Pavé de biche, sauce griottes et purée
de panais au chocolat blanc
Transparence de chocolat noir épicé

Saint-Valentin P. 188

Brochettes de Saint-Jacques, citronnelle et gingembre
Dorade au champagne en croûte de basilic
Petits pots de crème à la rose

Pâques P. 194

Asperges vertes et œuf mollet aux coquillages
Agneau pascal, poivrons aux anchois
et écume d'ail nouveau
Tarte au chocolat des Caraïbes et glace vanille

CRÈME DE CÈPES AUX CHÂTAIGNES BONBON DE FOIE GRAS

30 min — 35 min

Pour 8 personnes

25 g de beurre
1 oignon ciselé
100 g de poitrine fumée (en lardons)
300 g de cèpes surgelés en morceaux
150 cl de fond de blanc de volaille
70 cl d'eau
25 cl de crème fleurette
200 g de châtaignes surgelées
5 cl d'huile de noisette
1 brindille de cerfeuil

Bonbon de foie gras

24 carrés (10x10) de pâte à raviole chinoise ou feuilles de brick
300 g de foie gras frais
Sel, poivre : pm*
2 œufs pour la dorure

1. Enlevez la couenne de la poitrine fumée et taillez-la en petits lardons

2. Blanchissez, 2 min et séparément, les lardons et les cèpes (sauf si les cèpes sont frais).

3. Faites suer au beurre l'oignon ciselé et les lardons dans une casserole, ajoutez les cèpes et les châtaignes. Laissez suer 10 min. Mouillez avec le fond de blanc de volaille et l'eau. Faites cuire 30 min à frémissement. Mixez au blender et passez au chinois* à gros trous. Crémez, portez à ébullition et mettez au point la consistance. Vérifiez l'assaisonnement. Conservez au chaud.

4. Le bonbon de foie gras : taillez le foie gras en dés de 1 cm. Assaisonnez. Garnissez les carrés de pâte à raviole de foie gras. Badigeonnez la bordure au pinceau d'un trait d'œuf battu. Soudez et pliez à la manière d'un bonbon.

5. Faites frire à 170°C ou au four très chaud à 200°C (th 6/7). Dorez bien à l'œuf au pinceau (pendant 5 min).

6. Dressez la crème bien chaude dans une assiette creuse avec rebord. Déposez 3 bonbons croustillants au foie gras sur le bord de l'assiette. Finissez par un filet d'huile de noisette et une pluche de cerfeuil.

Entre nous

En dehors de la saison, cette recette peut être réalisée avec des champignons de Paris à la place des cèpes.

J'ajoute des cèpes poêlés légèrement aillés parsemés de persil plat. Je fais mes bonbons avec des feuilles de brick.

Sophie

J'ajoute quelques truffes râpées au moment de servir. Allez, c'est Noël !

Christian

CHAPON AUX MARRONS, LÉGUMES ANCIENS ET JUS AUX GIROLLES

30 min — 1 h 30

Pour 8 personnes

1 chapon
400 g de girolles ou chanterelles
100 g de marrons cuits (sous vide)
1 potimarron
4 carottes noires
4 cerfeuils tubéreux
100 g de tilleul
20 cl de jus brun de volaille
5 cl d'huile de noisette
Sel : pm*

1. Sortez la graisse de la volaille et videz-la. Coupez la graisse en dés. Réservez.
2. Portez à ébullition 2 l d'eau avec sel et tilleul. Mettez le chapon à pocher dans cette infusion pendant 40-45 min (selon grosseur) avec une très très légère ébullition. Il faut que le chapon soit recouvert juste à hauteur.
3. Pendant ce temps, lavez, épluchez et coupez le potimarron en 2. Épépinez-le et coupez-le en 12 croissants égaux.
4. Posez-le sur une plaque et faites-le cuire au four 15 min de chaque côté à 180°C (th 6), badigeonné d'un peu d'huile de noisette au pinceau. Conservez au chaud.
5. Retirez la partie terreuse des girolles ou chanterelles, lavez-les à l'eau froide sans les laisser tremper. Faites-les revenir à sec dans une poêle, jusqu'à évaporation complète de leur eau. Rectifiez l'assaisonnement, ajoutez le jus brun de volaille et réservez au chaud.
6. Épluchez et lavez les carottes et les cerfeuils tubéreux. Coupez en 2 dans le sens de la longueur et réservez.
7. Sortez la volaille du bouillon, délicatement sans abîmer la peau. Laissez-la égoutter 3 min avant de la placer dans un plat allant au four préchauffé à 210°C (th 7). Déposez et frottez le chapon avec les dés de graisse et enfournez avec tous les légumes sur les côtés. Salez.
8. Faites cuire 30 à 40 min pour la colorer* en l'arrosant régulièrement. À mi-cuisson, mélangez délicatement les légumes. N'oubliez pas, 5 min avant la fin, d'ajouter marron et potimarron.
9. Présentez le plat avec toutes ses couleurs. Laissez reposer 15 min avant de découper le chapon.

Entre nous

Demandez à votre boucher de préparer votre chapon en conservant les abats et la graisse. Vous pouvez faire cette recette avec une autre volaille mais, pour les fêtes, dinde et chapon s'imposent.

J'ajoute de petits oignons grelots entiers avec les légumes.

Sophie

BÛCHE CHOCO-FRAMBOISE

45 min — 20 min + 4 h d'attente

Pour 8 personnes

Biscuit
3 œufs
90 g de sucre
2 cl de vanille liquide
1 gousse de vanille
75 g de farine
10 g de cacao amer en poudre
5 g de beurre
10 cl de sirop de canne

Garniture (fondant)
20 de crème fleurette
2 cuillerées à café bombées de cacao en poudre (8 g)
70 de chocolat amer 70%
50 g de beurre pommadé
125 g de framboises fraîches

Ganache* (pour recouvrir la bûche)
8 cl de crème fleurette
8 g de caco en poudre
65 g de chocolat amer
25 g de sucre
70 g de beurre pommadé

Décor
20 g de copeaux de chocolat noir
60 g de framboises fraîches
Quelques pistaches
5 g de sucre glace

1. Préchauffez le four à 210°C (th 7)

2. Cassez les œufs, séparez les jaunes des blancs. Battez les blancs en neige ferme, ajoutez le sucre en pluie à la fin. Sans cesser de fouetter, ajoutez les jaunes, la vanille liquide, puis la farine et le cacao en dernier.

3. Étalez la pâte sur une plaque avec du papier sulfurisé beurré et formez un rectangle de 20 x 30 cm. Égalisez la surface avec une spatule et faites cuire au four 15 à 18 min.

4. Pendant ce temps, préparez le suprême fondant pour la garniture. Faites bouillir la moitié de la crème liquide avec le cacao. Mettez le chocolat amer cassé en morceaux dans un saladier. Versez la crème au cacao bouillante dessus en remuant à l'aide d'un fouet. Ajoutez le beurre coupé en petites noisettes, lissez et laissez refroidir.

5. Montez les 10 cl de crème restants en Chantilly et mélangez délicatement à la préparation précédente avec une spatule en plastique. Réservez à température ambiante.

6. La ganache*: faites bouillir 3 fois la crème liquide avec le cacao. (Portez à ébullition, ôtez du feu quelques secondes, puis renouveler encore 2 fois.)

7. Mettez le chocolat cassé en morceaux dans un saladier. Versez la crème bouillante dessus en fouettant, ajoutez le sucre, 5 cl d'eau, puis le beurre en parcelles. Remuez bien et réservez au froid.

8. Dès que le biscuit est cuit, sortez-le du four, décollez-le du papier et recouvrez d'un linge humide pour qu'il ne sèche pas. (Vous pouvez le faire la veille.)

9. Fendez la gousse de vanille, grattez les graines noires et mélangez au sirop de canne. Badigeonnez le biscuit, puis étalez le suprême chocolat fondant dessus. Disposez les framboises au bord, puis roulez le biscuit bien serré.

10. Ensuite, sortez la ganache* du froid, recouvrez entièrement la bûche. Lissez bien avec une spatule et mettez au frais 1 h.

11. Finition et décoration : coupez les deux extrémités, décorez avec des copeaux de chocolat, les framboises, les pistaches grillées avec du sucre glace. Réservez au frais. Avant de servir, saupoudrez de sucre glace.

12. Les copeaux de chocolat : faites fondre du chocolat au bain-marie sans trop le chauffer, faites-le couler sur du papier sulfurisé, étalez-le rapidement avec une spatule pour obtenir l'épaisseur d'une feuille de papier, et mettez au froid. Une fois dur, cassez le chocolat en copeaux.

Entre nous

Pour monter les blancs en neige, il faut qu'ils soient à température ambiante.

TERRINE DE FOIE GRAS « MINUTE » AUX ÉPICES DOUCES

15 min + 1 h de marinade — 2/3 min

Pour 8 personnes

2 foies gras de canard de 500 g
12 g de fleur de sel
8 g d'un mélange d'épices « paprika, cannelle, gingembre, poivre du moulin »
4 g de poivre blanc
10 g de sucre
10 cl de porto

1. Mettez le foie gras à température ambiante 1 heure avant de le préparer.
2. Séparez les 2 lobes du foie. À l'aide d'une pointe de couteau, retirez la grosse veine du gros lobe. Tirez la veine doucement. Ôtez également les parties verdâtres (fiel). On peut le mettre à tremper 4 à 5 h dans de l'eau glacée pour enlever le sang des petits vaisseaux. Le foie gras frais se vend également déveiné ; ou demandez à votre boucher de le faire.
3. Épongez bien, mélangez le sel, le sucre et toutes les épices. Assaisonnez les 2 lobes et ajoutez le porto. Laissez mariner 1 h au frais.
4. Disposez chaque foie dans une petite terrine en porcelaine de la taille du foie, avec couvercle si possible. Tassez légèrement, ou alors filmez-le bien.
5. Cuisez rapidement au four à micro-ondes, puissance 900 watt, pendant 2 min 30, sur plaque tournante.
6. Laissez refroidir 1 h à température ambiante. Retirez le papier film. Pressez délicatement pour faire remonter la graisse à la surface et mettez au frais.
Plus le foie gras a de jours de cuisson, meilleur il sera.

Entre nous

C'est la recette la plus simple pour faire votre foie gras vous-même.
Vous pouvez le faire 5 à 6 jours avant les fêtes, il n'en sera que meilleur.

Je le sers avec une confiture de figues pas trop sucrée et du pain de campagne grillé, plutôt que de la brioche.

Sophie

Je fais mariner le foie avec un côteaux du layon à la place du porto et je ne rajoute pas de sucre.

Christian

PAVÉ DE BICHE, SAUCE GRIOTTES ET PURÉE DE PANAIS AU CHOCOLAT BLANC

50 min — 15 min

Pour 8 personnes

8 pavés de biche (dans le filet)
100 g de griottes (en bocal ou surgelées)
2 cl de crème de griottes
5 cl d'huile
2 échalotes
10 cl de fond de gibier ou, à défaut, de fond de veau brun ou déshydraté
80 g de beurre
100 g de pleurotes
100 g de girolles
200 g de bolets
500 g de panais
20 g de beurre,
20 g de chocolat blanc
10 g de pignons de pin grillés
Sel, poivre : pm*

1. Équeutez et lavez tous les champignons.

2. Épluchez et lavez les panais, mettez-les à cuire à couvert, coupés en gros morceaux avec de l'eau à hauteur, la moitié du beurre et un peu de sel. Vous pouvez ajouter 1 petite pomme de terre pour plus de tenue de la purée.

3. Égouttez légèrement, passez au presse-purée ou au mixeur. Ajoutez le reste du beurre et le chocolat blanc. Réservez au chaud.

4. Poêlez les champignons séparément avec un peu de beurre. Effilochez les pleurotes, émincez les bolets et coupez les girolles en 2. Salez et poivrez. Colorez bien, avec une échalote.

5. Dans un sautoir* avec un peu d'huile, saisissez les pavés de biche. Salez et poivrez. Faites cuire selon votre goût, rosé ou bien cuit. Réservez au chaud dans un papier alu.

6. Jetez le surplus de graisse et ajoutez une noisette de beurre pour faire suer les échalotes ciselées et les griottes, ajoutez le jus de veau. Faites réduire*, finissez la sauce avec la crème de griottes et montez au beurre. Rectifiez l'assaisonnement. N'hésitez pas à ajouter du poivre du moulin.

7. Disposez une cuillerée de purée de panais, le pavé au centre, les champignons sur le côté de l'assiette, des pignons autour, et nappez la viande de sauce griotte. Finissez par un tour de poivre du moulin.

Entre nous

Le panais est un tubercule qui a un léger goût d'artichaut.
Bien sûr, cette recette peut s'adapter à d'autres gibiers comme le chevreuil ou le sanglier.

Je préfère cuire le gibier en rôti, à l'avance, pour le couper juste avant de le servir.

Christian

TRANSPARENCE DE CHOCOLAT NOIR ÉPICÉ

50/60 min — 15 min

Pour 8 personnes

Dacquoise aux amandes
95 g de blanc d'œuf
75 g de sucre semoule
55 g de poudre d'amande
20 g de farine
40 g de sucre glace

Poires williams au vin rouge épicé
65 cl de vin rouge
65 cl de vin doux naturel (maury-village)
1 kg de poires comice
2 g de grains de coriandre
2 g de baies de genièvre
1,5 g de cannelle bâton
1/2 gousse de vanille
1/2 zeste d'un citron jaune
1/2 zeste d'une orange
1 étoile de badiane

Gelée de vin rouge épicé
90 cl de base de vin rouge épicé
90 g de sucre semoule
10 g de pectine ou de gélatine (prévoir 8 feuilles/litre)

Mousse au Guanaja
20,5 cl de lait entier
410 g de crème fleurette 35% MG
235 g de chocolat à 70% de cacao
4 g de gélatine (2 feuilles)

Crème mousseuse à la cannelle
10 cl de crème fleurette 35% MG
1 g de cannelle en poudre
5 g de sucre semoule

1. La dacquoise : tamisez ensemble sucre glace, poudre d'amande et farine. Montez les blancs d'œuf (à température) au bec d'oiseau* en ajoutant le sucre en plusieurs fois. Ajoutez l'ensemble. Tamisez en pluie délicatement. Étalez la masse sur une toile de cuisson ou un papier sulfurisé et faites cuire 8 à 10 min à 190°C (th 6/7).

2. Les poires : portez le vin à ébullition, puis flambez-le pour ôter l'acidité. (Pour flamber, ajoutez un couvercle ; lorsque ça bout, enlevez le couvercle et allumez avec une allumette. Attention à la flamme !) Ajoutez les épices et les zestes d'agrumes. Infusez environ 10 min. Passez au chinois* étaminé. Épluchez les poires, puis réalisez des petites boules à l'aide d'une cuillère parisienne (boulier de 1,7 cm). Ajoutez les boules de poire dans le vin aux épices, et portez à frémissement 2 à 3 min pour les attendrir légèrement. Passez délicatement au chinois et conservez au frais.

3. La gelée au vin : récupérez la cuisson du vin rouge aux épices des poires, ajoutez le sucre, la pectine (à défaut la gélatine ramollie) et faites bouillir quelques secondes. Coulez dans le fond des verres environ 1 cm d'épaisseur. Mettez au froid.

4. La mousse chocolat Guanaja : montez la crème fleurette pas trop rapidement. Elle doit être mousseuse, pas trop montée. Faites tremper la gélatine dans de l'eau froide et essorez-la. Faites bouillir le lait, ajouter la gélatine, verser 1/3 du lait chaud sur le chocolat, mélangez à l'aide d'un fouet pour obtenir une texture lisse et brillante. Ajoutez le reste du lait en conservant cette texture.

5. Avant que le chocolat refroidisse (30°), versez dessus la crème montée. Mélangez délicatement. Coulez aussitôt dans les verres à la cuillère (ou avec une poche à douille) sur la gelée déjà prise. Mettez au congélateur 15 min environ.

6. Une fois le contenu bien pris, ajoutez un disque de dacquoise du diamètre du verre à l'aide d'un emporte-pièce* rond (6-7 cm). Déposez délicatement.

7. Par-dessus, ajoutez une couche de boules de poire (7 à 8). Faites tiédir légèrement le reste de la gelée (pas trop chaude) et coulez à hauteur des boules de poire sans nécessairement les recouvrir, et remettez au congélateur.

8. 30 min avant de servir, sortez du congélateur, coulez une couche de crème à la cannelle et décorez avec des copeaux de chocolat. Mélangez au fouet 20 cl de crème liquide (sans trop la monter elle doit encore couler) avec 1 g de cannelle.

Entre nous

Pour faire quelques copeaux pour les verrines, il vous suffit de râper dans une tablette de chocolat avec un couteau économe.

Je fais cette recette la veille car elle demande un certain temps de préparation.

Sophie

BROCHETTES DE SAINT-JACQUES CITRONNELLE ET GINGEMBRE

25 min 25 min

Pour 4 personnes

12 noix de Saint-Jacques
2 bâtons de citronnelle
1 g de piment d'Espelette
2 gousses d'ail
2 g de fleur de sel
2 cuillerées de café de raifort
2 bulbes de fenouil
3 fanes d'oignons
5 g de gingembre frais
2 dl de lait de coco
Sel, poivre : pm*

1. Décortiquez les Saint-Jacques (ou demandez à votre poissonnier). Rincez-les sous un filet d'eau et épongez-les bien.
2. Coupez en 2 les bâtons de citronnelle et piquez 4 Saint-Jacques sur chaque tige. Réservez au frais.
3. Coupez les tiges de fenouil et les tiges d'oignon très finement. Lavez-les. Enlevez la partie dure du cœur du fenouil. Puis émincez les bulbes de fenouil, les oignons, la citronnelle, le gingembre et faites suer doucement à l'huile d'olive avec l'ail écrasé, 2 min. Salez légèrement et ajoutez le lait de coco. Faites cuire 20 min couvert à feu doux et passez au mixeur blender avec le raifort afin d'obtenir une purée fine. Assaisonnez et ajoutez un filet d'huile d'olive. Passez au chinois*. Conservez au frais.
4. Dans une poêle chaude, saisissez les brochettes avec de l'huile d'olive, 2 min de chaque côté.
5. Au centre de l'assiette, déposez le condiment. Posez dessus la brochette chaude et finissez avec les fanes d'oignons ciselés, les tiges de fenouil, 1 filet d'huile d'olive et le piment d'Espelette.

Entre nous

Si possible, conservez le corail des coquilles Saint-Jacques, elles auront une meilleure tenue sur le bâton de citronnelle.

Une entrée pleine de saveurs pour une soirée d'amoureux…

Sophie

Je choisis des Saint-Jacques d'une grande fraîcheur, bien fermes, de manière à ce que la noix ne se détache pas au moment de la cuisson.

Christian

DORADE AU CHAMPAGNE EN CROÛTE DE BASILIC

40 min · 30 min

Pour 4 personnes

600 g de filet de dorade
2 cl d'huile d'olive
20 g de moutarde blanche
2 g de sel fin
2 g de poivre blanc
½ botte de basilic
25 cl de vin blanc

Concassée de tomate au basilic (200 g)
5 cl d'huile d'olive
300 g de tomates roma
40 g d'oignons
10 g d'ail
2 g de concentré de tomates
½ botte de basilic
2 g sel fin
1 g de poivre blanc

Chapelure au basilic (200 g)
200 g de chapelure blanche
1 botte de basilic
10 cl d'huile d'olive
2 g de fleur de sel

Sauce au champagne
25 cl de champagne brut
1 échalote
200 g de raisin blanc
1 g de poivre mignonnette
2 g de sel fin : pm*
30 g de beurre
20 cl de crème fleurette

1. Désarêtez les filets de dorade grise, plaquez-les avec un filet d'huile d'olive sur la peau. Avec un pinceau, mettez une légère couche de moutarde blanche sur le côté chair. Salez, poivrez et mettez 2 feuilles de basilic sur chaque filet.

2. La concassée de tomate au basilic : mondez* et épépinez les tomates concassées. Ciselez les oignons et faites-les fondre à l'huile d'olive avec l'ail finement haché et le concentré. Ajoutez les tomates, le sel, le poivre. Cuisez 20 à 25 min jusqu'à assèchement complet et finissez par le basilic ciselé très finement. Mélangez bien et rectifiez l'assaisonnement.

3. Ajoutez la concassée de tomate, bien égouttée, d'une épaisseur de 1/2 cm sur toute la surface du filet, bien régulièrement. Aplatissez légèrement à la spatule et finissez par une couche régulière de chapelure sur toute la surface de la dorade. Conservez au frais.

4. La chapelure au basilic : au robot-coupe, mettez le basilic haché finement. Ajoutez la chapelure et finissez le tout avec l'huile d'olive en laisssant tourner la lame pour lier la chapelure. Ajoutez la fleur de sel. (La chapelure doit être verte, donc ajoutez plus ou moins de basilic.)

5. La sauce au champagne : Faites réduire* le champagne, l'échalote, le raisin blanc et la mignonnette de moitié. Ajoutez la crème liquide, le sel. Faites cuire 5 min à légère ébullition. La sauce commence à épaissir. Finissez avec des noisettes de beurre froid. À l'aide d'un fouet, ajoutez le champagne. Rectifiez l'assaisonnement et passez au chinois* étaminé. Gardez au bain-marie, ne faites pas bouillir de façon à garder le parfum du champagne.

6. Préchauffez le four à 180°C (th 6). Sortez la plaque du froid au dernier moment (avec les filets de dorade). Mettez le vin blanc (attention de ne pas mettre le vin sur la chapelure de basilic) et cuisez 7 à 10 min selon le four ventilé, au dernier moment.

7. Disposez sur un plat ou des assiettes. Mettez un cordon abondant de sauce champagne autour.

Entre nous

Accompagnez d'un tian de légumes ou d'une fine ratatouille aux citrons confits.

L'intérêt de ce plat, pour la Saint-Valentin, est qu'on peut le préparer à l'avance et, donc, rester à table.

Christian

Dorade au champagne en croûte de basilic

PETITS POTS DE CRÈME À LA ROSE

Pour 4 personnes

4 jaunes d'œuf
40 cl de lait entier
80 g de sucre semoule
3 cuillerée à soupe d'eau de rose
4 pétales de rose cristallisés

15 min — 30 min

1. Dans une boîte hermétiquement fermée, mettez le sucre avec quelques pétales de rose lavés et séchés. Conservez pendant quelques jours.
2. Préchauffez le four à 150°C (th 5).
3. Portez le lait à ébullition dans une casserole. Dans un saladier, fouettez les jaunes avec le sucre jusqu'à ce que le mélange blanchisse. Parfumez d'eau de rose.
4. Versez le lait bouillant en plusieurs fois sur les jaunes, en fouettant.
5. Répartissez la préparation dans 4 ramequins et faites cuire au bain-marie pendant 30 min.
6. Laissez bien refroidir au moins 2 heures.
7. Décorez avec un pétale de rose cristallisé.

Entre nous

Pour avoir une couleur un peu plus rose, vous pouvez ajouter dans le lait chaud 1 ou 2 gouttes de sirop de grenadine.

Je sers des petits financiers en accompagnement.

Sophie

J'ajoute de l'extrait de rose que l'on trouve dans les boutiques spécialisées.

Christian

ASPERGES VERTES ET ŒUF MOLLET AUX COQUILLAGES

40 min 15 min

Pour 8 personnes

10 œufs XL bio
16 asperges vertes grosses de la taille +26
100 g de roquette
2 cl d'huile d'olive
Fleur de sel : pm*
24 asperges vertes fillettes (petites, comme un stylo)
20 g de gros sel (pour cuisson des asperges et des œufs)
50 g de beurre 1/2 sel
240 g de palourdes
240 g de coques
100 g de gros bigorneaux
200 g de praires
4 gousses d'ail taillées en bâtonnets (enlever le germe)
Jus d'un citron
10 g de pulpe de citron
10 cl d'huile d'olive
50 g de beurre doux
Poivre : pm*

1. Épluchez les grosses asperges vertes, puis émincez-les finement dans le sens de la longueur afin d'obtenir des rubans.

2. Lavez les petites asperges fillettes de façon à ne laisser que les têtes. Dans un sautoir*, avec un filet d'huile d'olive, faites sauter à cru les asperges assaisonnées de fleur de sel. Cuisez à couvert pour conserver l'eau d'évaporation, pour une meilleure cuisson.

3. Plongez délicatement dans de l'eau bouillante très salée les œufs tempérés. Comptez 5 min 30 à 6 min de cuisson pour des œufs de 60-65 g. Rafraîchissez-les aussitôt et écalez-les délicatement. Le blanc doit être coagulé et le jaune rester crémeux.

4. Lavez bien les coquillages dans plusieurs eaux. Faites cuire les bigorneaux dans de l'eau salée, 10 min, refroidissez-les puis décortiquez-les.

5. Dans une sauteuse, mettez de l'huile d'olive, faites bien chauffer puis jetez-y les palourdes et les coques. Faites cuire rapidement à couvert 3 à 4 min, en les remuant. Égouttez dans une passoire et récupérez bien le jus de cuisson, filtrez, faites réduire* de moitié et liez, à l'aide d'un fouet, avec le beurre doux.

6. À l'aide d'une fourchette, écrasez dans un saladier 2 œufs mollets, émulsionnez avec le beurre de coquillage et un peu d'huile d'olive.

7. Décortiquez tous les coquillages et faites-les tiédir dans cette sauce. Finissez par la pulpe de citron, le jus de citron et les bâtonnets d'ail.

8. Faites tiédir délicatement les œufs mollets dans le beurre demi-sel pendant 2 à 3 min, ajoutez les coquillages.

9. Dressez dans des assiettes creuses, ajoutez les asperges sautées et les rubans de grosses asperges crues préalablement assaisonnées d'huile d'olive, de fleur de sel et de poivre du moulin.

Entre nous

Vous pouvez, bien sûr, faire cette recette avec des asperges blanches. Choisissez des œufs très frais.

J'ajoute quelques copeaux de vieux parmesan, qui n'est pas désagréable avec les asperges.

Christian

AGNEAU PASCAL, POIVRONS AUX ANCHOIS ET ÉCUME D'AIL NOUVEAU

35 min — 45 min

Pour 8 personnes

1 gigot d'agneau de 2 à 2,2 kg
20 g de fleur de sel
2 g de piment d'Espelette
2 têtes d'ail nouveau
1 kg de poivrons rouges
6 filets d'anchois
30 cl de crème épaisse
1/2 botte de thym
2 feuilles de laurier
5 cl d'huile d'olive
1 kg de grenaille de Noirmoutier

1. Épluchez 1 tête d'ail nouveau, faites-la cuire dans la crème avec un peu de sel. Laissez refroidir puis mettez-la dans un siphon avec 2 cartouches de gaz (pour faire l'écume d'ail).

2. Faites désossez et ficeler votre gigot par votre boucher. Conservez les os d'agneau pour le jus.

3. Faites le jus d'agneau : Colorez les os avec un demi-oignon, 1 gousse d'ail et une demi-carotte. Ôtez la graisse. Mouillez à hauteur avec de l'eau, du thym et une pincée de sel. Cuisez 30 à 40 min, passez ce jus au chinois*. Réduisez à nouveau pour conserver 8 à 10 louches de jus environ.

4. Épluchez les poivrons rouges, coupez-les en 2. Enlevez le blanc et les pépins à l'intérieur. Mettez dans un plat au four avec un filet d'huile d'olive, du sel, du piment d'Espelette. Laissez cuire environ 30 min à 170°C (th 5-6). Il faut que les poivrons soient bien cuits pour pouvoir les écraser facilement. Hachez les anchois et ajoutez-les aux poivrons avec un peu de fleur de thym. Mixez si besoin. Conservez la purée de poivrons au chaud.

5. Dans un plat allant au four, mettez le gigot. Salez, poivrez, ajoutez l'autre gousse d'ail en laissant la peau, et du thym.

6. Préchauffez le four à 200°C (th 7).

7. Faites cuire à 180°C (th 6). Prévoyez 20 min de cuisson par kg. Retournez le gigot à mi-cuisson. Arrosez-le de temps en temps avec une louche de jus d'agneau.

8. En fin de cuisson, faites reposer dans un papier d'aluminium pour le conserver au chaud. Ajoutez un verre d'eau dans le plat pour bien décoller les sucs à la spatule. Ajoutez également le reste du jus d'agneau et passez le tout au chinois* .

9. Dans l'assiette, faites 2 quenelles de poivrons rouges, coupez 2 tranches d'agneau, ajoutez 2 pointes d'écume d'ail crémeuse et finissez par une cuillerée de jus d'agneau au thym. Décorez avec de la fleur de thym.

10. Vous pouvez servir, à part, quelques mini-grenailles de Noirmoutier, cuites au four 10 à 15 min, avec du beurre frais, de la fleur de sel et du thym.

Entre nous

Si vous voulez faire cette recette pour 4 personnes, une selle d'agneau de 800-900 g suffit. Il faudra adapter la cuisson.

J'ajoute à la purée de poivron une pomme de terre pour une meilleure tenue de la quenelle de poivron.

Christian

TARTE AU CHOCOLAT DES CARAÏBES ET GLACE VANILLE

45 min | 35 min

Pour 8 personnes

250 g de crème fleurette
200 g de lait
200 g de chocolat 70% Caraïbe Valhrona
1 œuf

Pâte

45 g de sucre glace
85 g de beurre
45 g de poudre d'amande
Sel : pm*
2 œufs
85 g de farine blanche
1 gousse de vanille grattée

1. Travaillez le beurre (sorti du réfrigérateur la veille) jusqu'à obtention d'une pommade. Mélangez la farine, le sucre glace, la poudre d'amande, le sel et les graines de vanille dans un saladier. Ajoutez le beurre et travaillez avec le bout des doigts. Incorporez l'œuf à la fin. Formez une boule et aplatissez la pâte. Farinez légèrement et laissez reposer 1 h au réfrigérateur.

2. L'appareil* au chocolat : faites bouillir le lait et la crème. Hachez finement le chocolat. Mettez-le dans un saladier et versez petit à petit la crème et le lait bouillant (en 3 fois) en remuant au fouet. Ajoutez l'œuf, mélangez à nouveau. Laissez à température ambiante.

3. Étalez finement la pâte sucrée. Taillez un fond de 15 cm de diamètre et foncez votre cercle* ou moule. Faites cuire à 160°C (th 6). Laissez refroidir puis versez la crème chocolat à l'intérieur. Laissez refroidir et décorez. Pour Pâques, ajoutez quelques petits œufs en sucre.

4. Servez avec une boule de glace vanille artisanale.

Entre nous

Ne mettez jamais cette tarte au réfrigérateur. Le chocolat se déguste à température.

Nature, sans la glace, il faut choisir un très bon chocolat à très forte teneur en cacao.

Sophie

Étalez votre fond de tarte très finement et cuisez-le bien pour conserver le craquant de la tarte. Laissez bien votre pâte reposer dans son moule au froid, avant la cuisson.

Christian

Agneau pascal, poivrons aux anchois et écume d'ail nouveau

LEXIQUE DES MOTS CITÉS

Appareil
Mélange de plusieurs denrées qui entrent dans la composition d'une recette.

Bec d'oiseau
Terme culinaire qui indique que les blancs d'œuf, une fois montés et sucrés, doient former, à l'extrémité du fouet, un bec d'oiseau, ferme et en forme de pointe.

Blanchir
1. Opération consistant à faire bouillir, plus ou moins longtemps, une denrée dans de l'eau, et refroidir.
2. Consiste à fouetter du sucre avec des œufs, ou seulement les jaunes, jusqu'à ce que le mélange blanchisse.

Brunoise
Une façon de détailler en dés minuscules des denrées végétales (carotte, poireau, céleri). Cette opération se fait également avec des fruits.

Cercle
Rond en inox, de tailles et diamètres différents, dont les bords ont une hauteur de 1 à 5 centimètres.

Chemiser
Recouvrir, enduire un moule d'une substance quelconque.

Chinois
Passoire conique à trous fins.

Ciseler
Couper oignons et échalotes en petits cubes, très finement, dans le sens de la longueur et de la hauteur.

Cive
Goût d'oignon de la famille de la cébette, de la grosseur d'un mini-poireau.

Colorer
Action de donner de la couleur à une viande ou à tout autre denrée.

Compoter
Laisser cuire doucement un fruit, un légume ou tout autre denrée à feu doux (3-4).

Cul-de-poule
Récipient en inox à fond plat ou arrondi, à bord évasé, qui sert à différentes préparations.

Déglacer
Faire dissoudre les sucs de cuisson obenus après la cuisson en ajoutant un liquide (eau, vin, alcool, crème), afin d'obtenir un jus ou une sauce.

Dégorger
Mettre dans de l'eau froide quelques heures.

Dressage
Touche finale pour présenter l'assiette ou le plat.

Ébarber
Enlever la barbe des noix de Saint-Jacques.

(É)monder
Enlever la peau d'une tomate ou d'une pêche.

Emporte-pièce
Découpoir. Ustensile qui sert à donner une forme, surtout en patisserie, soit en inox soit en Exoglass®.

Faire glacer
Colorer un produit avec du sucre, du beurre et de l'eau (petits oignons, carottes…).

Faire réduire
Chauffer un liquide pour le faire réduire de moitié, pour concentrer le goût.

Foncer
Tapisser l'intérieur d'un moule avec de la pâte afin de constituer un fond, un support permettant de recevoir d'autres substances (la « garniture »).

Fontainebleau
Mélange de fromage frais avec de la crème fouettée.

Ganache
Crème au chocolat assez épaisse (émulsionnée) que l'on utilise comme garniture et comme base pour diverses préparations : tartes, gâteaux.

Julienne
Couper des légumes de la taille d'une allumette.

Macérer
Mettre à tremper des fruits dans un alcool.

Mandoline
Appareil coupant servant au taillage régulier.

Mirepoix
Taillade en cubes de 1 x 1 cm, en général des légumes.

Pm
Pour mémoire. Quantité infime difficile à peser.

Poivre mignonnette
Poivre en grains concassés.

Sautoir
Sorte de casserole dont la hauteur des bords est de 5 à 8 cm maximum.

Singer
Poudrer un ragoût de farine ou de tout autre apprêt afin d'obtenir la liaison de la sauce.

Suprême
Filet d'une volaille ou quartier d'agrume sans la peau.

Torréfier
Passer au four avec un peu de sucre glace des fruits secs comme amandes, pistaches, noisettes, pignons de pin, etc.

INDEX DES RECETTES

C'est en 2011 que Christian Leclou rejoint la fine équipe de « C'est au programme » dirigée par Sophie Davant sur France 2. Il y présente, depuis lors, des recettes savoureuses et joyeuses. Chef et propriétaire du restaurant Le Clou de Fourchette, à Paris, il a su donner à cet endroit un ton et une ambiance uniques. Passionné, le chef Leclou milite sans relâche pour une cuisine simple et goûteuse qui s'appuie sur la richesse de nos terroirs.

Le Clou de Fourchette
121, rue de Rome 75017- Paris

Ouvrage dirigé par Jean-Baptiste Gilou
Jacqueline Lasry et Georges Angelo
Photos : Georges Angelo
Maquette : Emmanuel Pinchon
Réalisation : Thierry Laurent

38, rue La Condamine
75017 - Paris

www.hugoetcie.fr

ISBN : 9782755613469
Dépôt légal : octobre 2013
Imprimé en France par PPO / Achevé d'imprimer : septembre 2013